CD 2枚付 パート別総チェック

新TOEICテストに でる順英文法

河上源一[編著]
ブルース・ハード上智大学教授[監修]

直前対策

中経出版

まえがき

　この本は，**TOEIC®テストに必要な「文法」と「語彙」について，「パート別」の「でる順」に，まとめたもの**です。毎回，必ず出題されるような最重要項目から，30回に1回程度の確率の項目まで，順に並べてあります。

　また，各パートに共通の「文法」の基本知識については，巻末に簡潔に整理してあり，いつでも参照できるようになっています。

　本文のPart 1 〜 Part 6は問題形式になっていますが，いわゆる「模擬テスト」ではありません。あくまで，重要ポイントを確認していただくためのものです。何度も繰り返し練習して，確実に100パーセント正解できるようにしてください。そうすれば，730点を獲得する英語力を身につけることができます。

　TOEIC®テストの対策として，いわゆる「模擬テスト」形式のものが，数多く出版されています。これらは，テストに慣れるのには役立ちますが，英語学習のためには，必ずしも効率的とはいえません。模擬テストの選択肢には，音や意味が似ている語句や，正解と紛らわしい表現などが出ているので，それらが，基本知識の定着を阻害する要因になるからです。

　まず，この本にあるような**重要ポイントを，100パーセント確実に身につけること**に専念するほうが，効率的な学習といえます。

　基礎項目の復習用として，あるいは，受験直前のチェック用として，本書を活用していただければ幸いです。

編著者

TOEIC® テスト攻略のための効果的学習法

●なぜ「パート別」？

TOEIC® テストは,「コミュニケーションのための英語力」を測るテストです。しかし,一言で「英語力」と言っても,さまざまな要素が含まれます。文法・語彙などの基礎的なものから,会話の応答のような応用的なものもあります。

TOEIC® テストが7つのパートから成るのは,それぞれの要素を正確に測定するためです。「リスニング」のセクションでも,単に英語を「聞き取る」能力だけを測定しているわけではなく,各パートが,それぞれに,ある要素を測定する内容になっています。

したがって,TOEIC® テストの学習においては,それぞれのパートで問われる要素を重点的に学ぶことが重要であり,また,得点アップへの近道となるのです。

各パートの重点要素が何であるかについては,本文を見ていただくとして,ここでは,例として,Part 1 と Part 2 について考えてみます。

例えば,Part 1 の「写真描写問題」では,「人」や「物」を描写するということから,基本的な「動詞」の「現在時制」,特に「現在進行形」の文が使われます。また「人」や「物」の「姿勢」や「位置」「状態」を表す表現 (文法用語で言えば「副詞語句」) が使われます。

したがって,Part 1 では,これらの文法・語彙が理解できていなければ,英文を何度聞いても正解は分かりません。逆に言えば,これらの文法と語彙をきちんと理解できてさえいれば,4つの選択肢から正解を選ぶのは容易です。

よく,模擬問題集で,lighting と writing が選択肢に使われたものが見られます。そして解説では,「l」の音と「r」の音について注意がなされたりします。しかし,TOEIC® テストでは,「l」と「r」の音だけが正解の決め手になるという問題はあり得ません。上に述べたような,

もっと重大な要素が、正解の決め手になるように作問されています。

Part 2では「疑問文」の理解が問題になります。例えば、Wh- で始まる疑問文に対して、YesやNoで答えることは、ふつうありません（少なくとも、TOEIC®テストでそのような選択肢が正解になることはありません）。ですから、そのことをきちんと理解してさえいれば、YesやNoで始まる選択肢に、どんなに紛らわしい単語やlとrの音だけが異なる語が出てきても、惑わされることはないのです。

つまり、YesやNoで始まったら「変だな」と直感的に感じるようになるまで、基本を定着する学習が先決だということです。

（なお、Part 7は総合問題なので、特定の練習項目はありません。Part 1～Part 6の内容すべてが重要項目になります）

●なぜ「でる順」？

まず、TOEIC®テストは、高校や大学の入学試験とは性格が異なるものであることを理解しておく必要があります。入学試験は、受験者が学習した（理解していることが望ましい）範囲が出題されます。ですから、ベストは満点をとることです。

一方、TOEIC®テストは、さまざまなレベルの受験者を対象として、受験者それぞれのレベルを評価するためのものです。200問の中には、初歩的なものから、高度なものまでが組み込まれていて、それぞれの問題が、一定のレベルを評価できるようになっています。

単に「正解数」がTOEIC®テスト得点にならないのはそのためです。特殊な計算式に基づいて、それぞれの問題にウェートをかけて、TOEIC®テスト得点を算出する仕組みになっています。

仮にあてずっぽうで正解しても、得点には影響しません（ちなみに、解答の選択肢は4つありますから、あてずっぽうに答えても、25パーセントの確率で正解になります）。

このような試験は、よく「視力検査表」にたとえられます。視力検査表の一番下の小さな文字が読めるのはすごいことですが、特に、それが到達目標ということではありません。

すなわち，TOEIC®テストでは，**自分の目標レベルに必要な問題を，確実に正解することが重要**なのです。模擬問題などを見ると，難しい表現や単語が出ていて心配になるかもしれません。しかし，自分の目標レベル以上の問題は，当面，無視していてよいのです。

「でる順」は，すなわち「重要度順」ということです。**重要度順に学んでいって，すこしでも自分の到達位置を高めるという学習方法が基本**です。

（本書は，新形式の TOEIC® テストの実施に対応して，旧著『TOEIC® テストにでる順英文法』の一部を改訂したものです）

CDの使い方

Part Ⅰ
　前半は，絵を説明する文の聞き取りの練習，後半は正しい説明の文を選ぶドリルになっています。
　ドリルは，各練習の1から5の絵について，それぞれ選択肢の英文を2つずつ読みます。どちらか一方が絵の内容を表す文ですので，正しい方をA，Bの記号で答えてください。解答はパート1の最終ページ（p. 54）にあります。なお，英文を一部変えているものもあります。

Part Ⅱ
　前半は，質問文と正しい返答の文の聞き取りの練習，後半はリスニングのドリルになっています。
　ドリルは，練習1から練習19の各質問文について，それぞれ，返答の文を選択肢から2つずつ読みます。どちらか一方が正しい返答の文ですので，正しい方を，A，Bの記号で答えてください。解答はパート2の最終ページ（p. 108）にあります。

Part Ⅲ
　最初に会話についての質問文，次に会話文を読みます。質問に対する答えを，テキストにあるAからEの選択肢から選んでください。

Part Ⅳ
　各練習の1から6の英文について，最初に質問文，次に問題文の順で読みます。質問に対する答えを，テキストにあるAからFの選択肢から選んでください。

		Track No.
☐ Part Ⅰ	リスニング	CD1-1
	ドリル	CD1-25
☐ Part Ⅱ	リスニング	CD1-49
	ドリル	CD2-1
☐ Part Ⅲ	リスニング / ドリル	CD2-21
☐ Part Ⅳ	リスニング / ドリル	CD2-33

目 次

まえがき　　　　　　　　　　　　　　　　　　　　　　　　　　　　i
CDの使い方　　　　　　　　　　　　　　　　　　　　　　　　　　v

PART 1　　描写問題　　　　　　　　　　　　　　　　　　　　1

Part 1のポイント　*2*　/　Part 1の問題形式　*4*
1. 人が主語　*6*　/　2. 物が主語　*28*

● Part 1 リスニング・ドリル　解答　*54*

PART 2　　応答問題　　　　　　　　　　　　　　　　　　　55

Part 2のポイント　*56*　/　Part 2の問題形式　*58*
1. 疑問詞で始まる疑問文　*60*
2. 一般疑問文（Yes/Noで答えられる疑問文）　*78*

● Part 2 リスニング・ドリル　解答　*108*

PART 3　　会話問題　　　　　　　　　　　　　　　　　　　109

Part 3のポイント　*110*　/　Part 3の問題形式　*112*
1. Whereで始まる質問　*114*　/　2. Whatで始まる質問　*118*
3. Whyで始まる質問　*134*　/　4. Howで始まる質問　*142*
5. Whenで始まる質問　*146*　/　6. Whoで始まる質問　*150*
7. Whichで始まる質問　*154*

● 言い換え表現のまとめ　*156*

PART 4	説明文問題	**161**

Part 4のポイント *162* / Part 4の問題形式 *164*
1. Whereで始まる質問 *166* / 2. Whenで始まる質問 *174*
3. Whatで始まる質問 *178* / 4. Whoで始まる質問 *190*

● 場面別キー表現集 *202*

PART 5・6	短文・長文穴埋め問題	**211**

Part 5・6のポイント *212* / Part 5・6の問題形式 *214*
1. 基本語 *216* / 2. 活用［変化］形の問題 *234*
3. 派生語の問題（正しい品詞を選ぶ）*250*
4. 類型語・類義語 *262* / 5. 熟語・連語 *272*

● 接尾辞のまとめ *274* / ● 同根語のまとめ *279*
● 類似語のまとめ *284*

PART 7	読解問題	**285**

Part 7のポイント *286* / Part 7の問題形式 *288*

文法のまとめ		**289**

1. 主語の単数・複数 *290* / 2. 動　詞 *293*
3. 準動詞 *298* / 4. 冠　詞 *307* / 5. 名　詞 *308*
6. 数量を表す語（代名詞・形容詞）*315*
7. 形容詞 *322* / 8. 副　詞 *326* / 9. 接続詞 *332*

TOEICの出題傾向や頻度の調査には，テスト実施機関が発行している公式問題集のほかに，国内外で出版されている模擬問題集を利用させていただきました。データ量はテスト約80回分（約16,000問）になります。
　文法・語法の解説には，以下の辞書・辞典類を参考にさせていただきました。
　Longman Advanced American Dictionary (Pearson Education)
　Collins Cobuild English Usage (HarperCollins Publishers)
　Collins Cobuild English Grammar (HarperCollins Publishers)
　ロイヤル英文法（旺文社）

〈CDのご使用について〉
本書のCDはCDプレーヤーでご使用ください（パソコンで使用すると、不都合が生じる場合があります）。

本文イラスト／杉山薫里

PART 1

描写問題

PART 1

Part 1のポイント

　写真の内容を正しく描写している文を聞き取る問題です。1枚の写真に対して、4つの英文が読まれ、その中から正しいものを1つ選びます（問題用紙には写真のみが印刷されていて、英文はありません）。全部で10問あります。

　実際のテストで示される指示文と問題のサンプルは、4ページに掲載してあります。

● Part 1にでる英文

　写真を説明するわけですから、正解の英文は、「〜が…している（場面）」というように、現在形、特に現在進行形の文が多くなります。（場面から推測されることや、主観的な判断が正解になることはありません）

●文型別でる順

① S is/are + doing（進行形）　　　　　　　　　　（50%）
〈進行形動詞 ベスト10〉
　sit「座る」、 stand「立つ」、 look「見る」、 wait「待つ」、
　hold「持っている」、 wear「身につける」、 walk「歩く」、
　lean「寄りかかる」、 hang「ぶら下がる」、 use「使う」
② S is/are +（場所の）前置詞・形容詞　　　　　　（20%）
③ S is/are + 過去分詞〔受身〕　　　　　　　　　　（15%）
④ S do/does〔一般動詞の現在形〕　　　　　　　　（8%）
⑤ There is/are ....　　　　　　　　　　　　　　　（7%）
　※まれに S have/has + 過去分詞〔完了形〕もあります。

Part 1 のポイント

●主語の表し方

写真は、「人」（まれに動物）が中心の場合と、「物」あるいは「情景」のみの場合とがあります。前もって写真を見ておき、読まれる文の主語が「人」か「物」かを予測しておきます。

聞き取るときは、主語が、「単数」か「複数」かに注意します。a, one (of the), some (of the) などがポイントになります。

◆写真の人・物が1人 [1つ] ── 単数

A man / woman / person is ....

The man / woman / person is ....

He / She is ....

A --- is .... / The --- is ....

◆写真の人・物が複数

・その中の1人 [1つ] について言うとき ── 単数

A man / woman / person is ....

One man / woman / person is ....

One of the men / women / people is ....

A --- is ... / One (of the) --- is ....

・何人か [いくつか] について言うとき ── 複数

Several / Some / Many people are ....

Some (of the) ---s are ....

・全員 [全部] について言うとき ── 複数

People are .... / Most of the people are ....

The men / women / people are ....

The ---s are ....

Most (of the) ---s are ....

All (of the) ---s are ....

※ Two (of the) people are .... のように具体的な数を言うこともあります。

Part 1 の問題形式

以下の指示文とサンプル問題が問題用紙に印刷されています。そして，同じ文章が音声で流されます。この部分は，毎回同じですから，試験場で読む必要はありません。ここでは，問題形式を知るために目を通しておいてください。

PART 1

Directions: For each question in this part, you will hear four statements about a picture in your test book. When you hear the statements, you must select the one statement that best describes what you see in the picture. Then find the number of the question on your answer sheet and mark your answer. The statements will not be printed in your test book and will be spoken only one time.

Sample Answer

Example

Part 1の問題形式

----(この部分は印刷されていません)--

Look at the exapmle item below.

Now listen to the four statements.

(A) They're leaving the room.

(B) They're turning on the machine.

(C) They're standing near the table.

(D) They're reading the newspaper.

Statement (C), "They're standing near the table," is the best description of the picture, so you should select answer (C) and mark it on your answer sheet.

PART 1 描写問題

[訳]
指示文：このパートの各問題につき，問題用紙の写真1枚に対して4つの説明文が放送されます。説明文を聞いて，写真を最も的確に描写している説明文を選びます。そして解答用紙の問題番号を探し，解答をマークしなさい。説明文は問題用紙には印刷されておらず，一度しか聞けません。

下の例を見てください。
それでは4つの説明文を聞いてください。
(A) 彼らは部屋を出るところです。
(B) 彼らは機械のスイッチを入れるところです。
(C) 彼らはテーブルの近くに立っています。
(D) 彼らは新聞を読んでいます。

説明文 (C)「彼らはテーブルの側に立っています」が写真を最も的確に描写していますので，解答 (C) を選び，解答用紙にマークします。

1. 人が主語

①「～で［に］…している」（動作＋場所・位置）

リスニング CD1 2　ドリル CD1 26

練習 1

(1)～(5)の絵の内容に合うものを (A)～(E) から選び［　］に入れなさい。

(1)［　　］

(2)［　　］

(3)［　　］

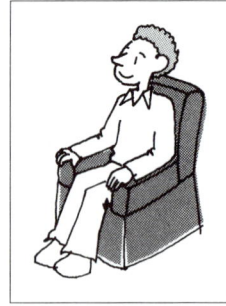

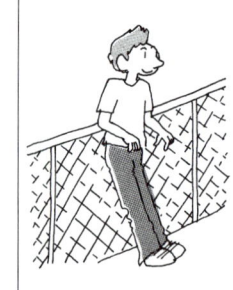

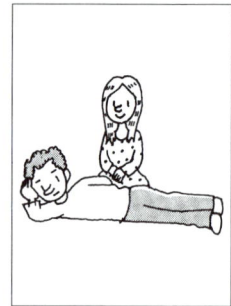

(4)［　　］

(5)［　　］

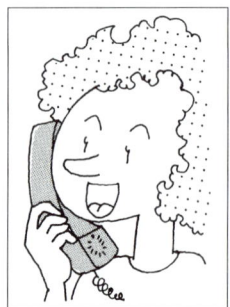

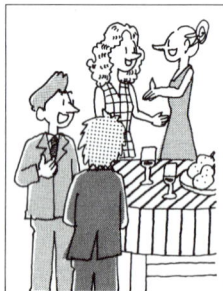

(A) The woman is talking on the phone.
(B) The man is lying by the woman.
(C) The man is sitting in an armchair.
(D) The people are standing around a table.
(E) The person is leaning on the fence.

1. 人が主語

解答と解説

「(人が) 〜する」という意味の自動詞では,

S is/are *do*ing ＋ (場所の) 前置詞

で表現します。

※単に「場所・位置」を言うときは⑥「〜にいる」(p. 26)。

(1) **C**

be sitting in「〜に座っている」

in はひじ掛けのあるいすに座る。ひじ掛けのないいすに座るときは on にします。

(2) **E**

be leaning on「〜にもたれている」

be leaning against も使います。

(3) **B**

be lying by「〜のそばで横になっている」

lie「横たわる」の進行形は lying [láiiŋ]。lay「横たえる」の進行形は laying [léiiŋ]。発音の違いに注意しましょう。

(4) **A**

be talking on「〜で話している」

この on は比喩的な「場所」と考えます。 on the (tele)phone「電話中で」。The woman is on the phone. としても同意です。

(5) **D**

be standing around「〜を囲んで立っている」

【訳】
(A) その女性は電話で話している。
(B) その男性は女性のそばで横になっている。
(C) その男性はひじ掛けいすに座っている。
(D) その人たちはテーブルの周りに立っている。
(E) その人はフェンスに寄りかかっている。

PART 1

練習 2

(1)～(5)の絵の内容に合うものを (A)～(E) から選び [ ] に入れなさい。

(1) [ ]   (2) [ ]   (3) [ ]

(4) [ ]   (5) [ ]

(A) The people are seated around the table.
(B) The women are chatting in front of the entrance.
(C) Several people are gathered near the car.
(D) The policeman is mounted on a horse.
(E) Some hikers are resting at the top of a hill.

1. 人が主語

解答と解説

「(人を)〜させる」という意味の他動詞のときは,

S is/are *done* +(場所の)前置詞 〔受身〕

で表現します。

(1) **E**

　be resting at「〜で休憩している」

　　at the top of「〜の頂上で」

(2) **B**

　be chatting in front of「〜の前で談笑している」

　　chat「おしゃべりする, 雑談する」

(3) **A**

　be seated around「〜を囲んで座っている」

　　seat は「(人)を座らせる」という他動詞なので, *be* seated で「座っている」を表します。*be* sitting と同意です。

(4) **D**

　be mounted on「〜に乗っている」

　　mount は「人が〜に乗っている」という「状態」を表すときは, *be* + mounted（受身）にします。*be* mounting on では「〜に乗りつつある[乗ろうとしている]」という動作になります。

(5) **C**

　be gathered near「〜の近くに集まっている」

　　be gathered で「(人)が集まっている」という意味。have gathered と同意です。*be* gathering とすると「寄り集まってきている」。

【訳】
(A) その人たちはテーブルを囲んで座っている。
(B) その女性たちは入り口の正面でおしゃべりをしている。
(C) 何人かが車の近くに集まっている。
(D) その警察官は馬に乗っている。
(E) ハイカーたちは丘の頂上で休んでいる。

②「～へ[を]…している」(動き・移動)

練習 3

(1)～(5)の絵の内容に合うものを(A)～(E)から選び[ ]に入れなさい。

(1) [　]　(2) [　]　(3) [　]

(4) [　]　(5) [　]

(A) A woman is looking into the mirror.
(B) A man is going down to another floor.
(C) A person is going upstairs.
(D) A man is walking toward the stand.
(E) A man is climbing up the ladder.

1. 人が主語

解答と解説

人の動き・動作は，

S is/are *do*ing ＋（方向の）前置詞・副詞

で表します。

up, down, toward, along, into など，「方向」を表す前置詞・副詞がポイントになります。

(1) **B**

be going down to「～へ下りている」

反対は *be* going up to「～へ上がっている」。

(2) **D**

be walking toward「～に向かって歩いている」

stand「売店」

(3) **E**

be climbing up「～をよじ登っている」

反対は *be* climbing down「～をはい下りている」。

(4) **A**

be looking into「～をのぞき込んでいる」

be looking through「～を通して［越しに］のぞいている」などもよく使う表現。

(5) **C**

be going upstairs「2階［上の階］に上がっている」

反対は *be* going downstairs「1階［下の階］へ下りている」。

【訳】
- (A) 女性が鏡をのぞき込んでいる。
- (B) 男性が下の階へと下りている。
- (C) 人が2階に上がっている。
- (D) 男性が売店に向かって歩いている。
- (E) 男性がはしごを登っている。

PART 1

練習 4

(1)〜(5)の絵の内容に合うものを (A)〜(E) から選び [ ] に入れなさい。

(1) [   ]   (2) [   ]   (3) [   ]

  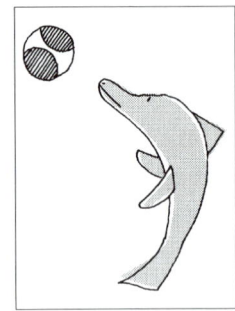

(4) [   ]   (5) [   ]

(A) The dolphin is jumping at a ball.
(B) The pedestrians are crossing the street.
(C) A man is riding the escalator.
(D) People are cycling along the path.
(E) People are getting on the streetcar.

1. 人が主語

解答と解説

「乗り物」や「道路」を目的語にする動詞で表すこともあります ((4), (5))。

(1) **D**

be cycling along「〜を自転車で走っている」

along は「〜に沿って，〜の上を」。walk along the shore「海岸沿いを歩く」

(2) **E**

be getting on「〜に乗車中である」

get on は「〜に乗り込む」という動作を表します。streetcar は「路面電車」。

(3) **A**

be jumping at「〜めがけてジャンプしている」

この at は「目標」を表します。単に方向を示すときは jump for「〜のほうへジャンプする」。

㊞ jump into「〜へ飛び込む」, jump over「〜を跳び越える」

(4) **C**

be riding「〜に乗っている」

ride on/in も使います。on は「(交通機関としての)乗り物に乗る」, in は taxi, elevator など「(囲われた)乗り物に乗る」という意味合い。「(自分で運転して)乗る」は drive を使います。

(5) **B**

be crossing「〜を渡っている」

cross the street「通りを横切る」, pedestrian「歩行者」

【訳】
- (A) そのイルカはボールめがけてジャンプしている。
- (B) 歩行者たちが通りを横切っている。
- (C) 男性がエスカレーターに乗っている。
- (D) 人々が小道に沿ってサイクリングしている。
- (E) 人々が路面電車に乗車中である。

③ 人 [動物] の姿勢や並び方を言う

リスニング CD1 6　ドリル CD1 30

練習 5

(1)～(5)の絵の内容に合うものを (A)～(E) から選び [　] に入れなさい。

(1) [　　]

(2) [　　]

(3) [　　]

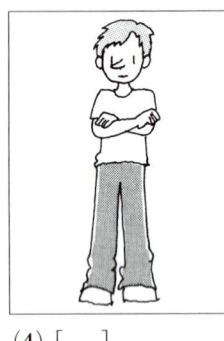

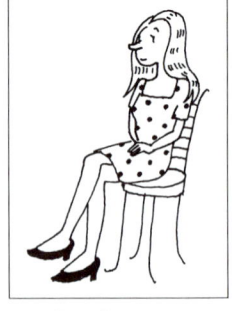

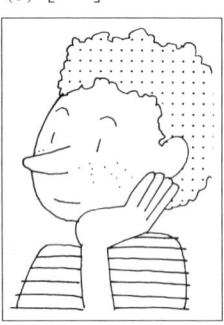

(4) [　　]

(5) [　　]

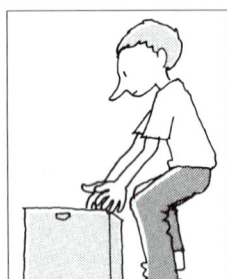

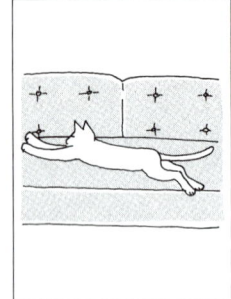

(A) The man is holding his chin in his hand.
(B) A cat is stretching out on the sofa.
(C) He is bending down to pick up the box.
(D) He is standing with his arms folded.
(E) The woman is sitting with her legs crossed.

1. 人が主語

解答と解説

姿勢や並び方は，sit / stand / walk などの動詞に，with *one's* arms / legs / knees … などの前置詞句をつけて表します。また，動詞自体が「姿勢」の意味を持つものは，その進行形で表します。

(1) **D**

with *one's* arms folded「腕組みをして」

㊣ with *one's* arms behind *one's* back「後ろで腕を組んで」，with *one's* hands on *one's* hips「両手を腰に当てて」

(2) **E**

with *one's* legs crossed「脚を組んで」

be sitting cross-legged とも言います。

㊣ with *one's* knees together「ひざをそろえて」

(3) **A**

be holding *one's* chin in *one's* hand「ほおづえをついている」

㊣ *be* holding *one's* head in *one's* hands「(両手で)頭を抱えている」
動詞は hold のほかに rest も使えます。

(4) **C**

be bending down「かがんでいる」

bend は「曲げる」の意味。*be* bending over は「前かがみになっている」。

㊣ *be* bending *one's* knees「ひざを折っている」

(5) **B**

be stretching out「長々と体を伸ばしている」

stretch は「いっぱいに伸ばす」。

㊣ *be* crouching「うずくまっている」

【訳】
(A) その男性は，ほおづえをついている。
(B) ネコがソファーの上で長々と寝そべっている。
(C) 彼は箱を持ち上げようとしてかがんでいる。
(D) 彼は腕を組んで立っている。
(E) その女性は脚を組んで座っている。

PART 1

練習 6

(1)〜(5)の絵の内容に合うものを (A)〜(E) から選び [ ] に入れなさい。

(1) [　]　　(2) [　]　　(3) [　]

(4) [　]　　(5) [　]

(A) The boys are kneeling on the sand.
(B) Some people are waiting in line.
(C) The boys are lying on their backs.
(D) The girls are sitting opposite each other.
(E) The girls are walking hand in hand.

1. 人が主語

解答と解説

(1) C

on *one's* back「あお向けに」

類 on *one's* face / stomach「うつ伏せに」, on *one's* side「横向きに」, with *one's* face down「うつ伏せで」

(2) A

be kneeling on「〜の上にひざをつけて」

類 *be* on *one's* knees「ひざまずいている」, *be* on *one's* hands and knees「四つんばいになっている」

(3) E

hand in hand「手をつないで, 手を取り合って」

類 arm in arm「腕を組んで」, with their arms around each other「互いに (両腕で) 抱き合って」

(4) D

opposite each other「(互いに) 向かい合って」

opposite「〜の向かい側に」は前置詞, each other「お互いに」は代名詞。

類 next to each other「並んで」, face to face「向かい合って」, *be* facing each other「互いに向かい合って」

(5) B

in line「1列に並んで, 整列して」

類 in a row「横1列に並んで」(→ p. 45)

※ arms や legs を主語にして, 姿勢を表現することもあります (「物が主語」→ p. 30)。

【訳】
(A) その少年たちは砂地にひざまずいている。
(B) 何人かの人が1列に並んで待っている。
(C) その少年たちはあお向けに寝ている。
(D) その少女たちはお互いに向かい合って座っている。
(E) その少女たちは手をつないで歩いている。

④「～をしている」(作業・運動など)

リスニング CD1 8　ドリル CD1 32

練習 7

(1)～(5)の絵の内容に合うものを(A)～(E)から選び[ ]に入れなさい。

(1) [ ]

(2) [ ]

(3) [ ]

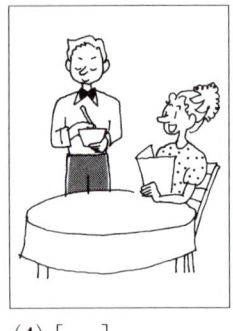

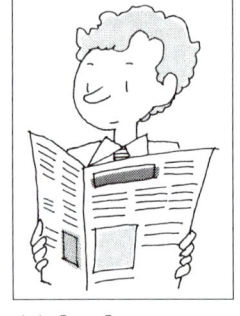

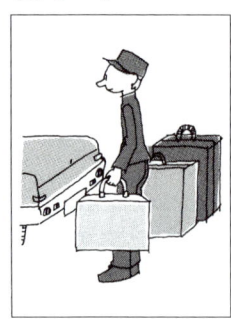

(4) [ ]

(5) [ ]

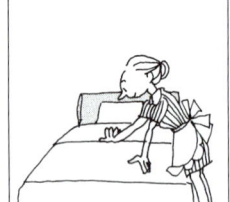

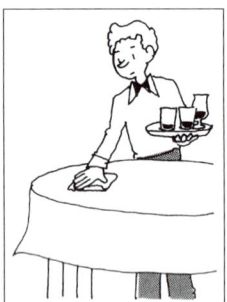

(A) The waiter is taking an order.
(B) The woman is making the bed.
(C) The man is handling the luggage.
(D) The man is clearing the table.
(E) The man is reading an article in the paper.

1. 人が主語

解答と解説

作業・運動などは,

S is/are doing ＋目的語（仕事・スポーツ）

で表現されます。

(1) **A**

be taking an order「注文をとっている」

「take ＋動作を表す名詞」は，作業・運動を表すのによく使います。
⑲ take a walk「散歩する」, take a rest「休息する」, take exercise「運動する」

(2) **E**

be reading an article「記事を読んでいる」

article は，ここでは，新聞・雑誌などの「記事」の意味。an article in the paper「新聞の記事」

(3) **C**

be handling the luggage「手荷物を処理している」

handle「〜を取り扱う」, luggage は「（旅行の）手荷物」。

(4) **B**

be making the bed「ベッドを整えている」

make は「用意する，整える」の意味。
⑲ make a meal「食事を用意する」

(5) **D**

be clearing the table「食卓の片付けをしている」

clear「（場所を）片付ける」⇔ set the table「食卓を整える」

【訳】
(A) そのウエーターは注文をとっている。
(B) その女性はベッドメーキングをしている。
(C) その男性は手荷物を扱っている。
(D) その男性はテーブルを片付けている。
(E) その男性は新聞の記事を読んでいる。

PART 1

練習 8

(1)～(5)の絵の内容に合うものを (A)～(E) から選び [ ] に入れなさい。

(1) [　] 　　(2) [　] 　　(3) [　]

(4) [　] 　　(5) [　]

(A) The women are doing kitchen work.
(B) The men are cleaning the floor.
(C) The mechanics are at work in a garage.
(D) They are doing push-ups.
(E) The people are playing soccer.

1. 人が主語

解答と解説

(1) B

be cleaning the floor「床を掃除している」

(2) D

be doing push-ups「腕立て伏せをしている」

類 *be* doing stretching「ストレッチ体操をしている」, *be* doing the exercises「運動をしている」

(3) E

be playing soccer「サッカーをしている」

play は「(競技などを)する」。play tennis/golf/baseball/ping-pong などと言います。

(4) C

be at work「仕事中である」

be doing their job と同じ意味。この意味では, work に冠詞をつけません。

(5) A

be doing kitchen work「台所仕事をしている」

類 do housework「家事をする」, do the cooking「料理をする」, do the dishes「皿[食器]洗いをする」, do the cleaning「掃除をする」, do the laundry/washing「洗濯をする」, do the gardening「ガーデニングをする」

【訳】
- (A) その女性たちは台所仕事をしている。
- (B) その男性たちは床掃除をしている。
- (C) その整備工たちはガレージで仕事をしている。
- (D) 彼らは腕立て伏せをしている。
- (E) その人たちはサッカーをしている。

PART 1

⑤「～を持っている・身につけている・扱っている」

練習 9

(1)～(5)の絵の内容に合うものを (A)～(E) から選び [ ] に入れなさい。

(1) [　] 　(2) [　]　(3) [　]

(4) [　] 　(5) [　]

(A) One of the people is carrying a briefcase.
(B) A man is holding a paper bag.
(C) The man has a shoulder bag.
(D) The woman has long pants on.
(E) The girl is wearing a striped shirt.

1. 人が主語

解答と解説

「〜を持っている・身につけている」の，最も一般的な語は have/has です。have/has を，この意味で使うときは進行形にしません。

S have/has ＋目的語（衣類・小物など）

そのほか，動作を表す動詞では，

S is/are *do*ing ＋目的語（衣類・小物など）

で表現されます。

(1) **C**

have a shoulder bag「ショルダーバッグを持っている」

(2) **B**

be holding a paper bag「紙袋を抱えている」

(3) **A**

be carrying a briefcase「書類かばん[ブリーフケース]を持っている」

be carrying は「携行している，持ち歩いている」という感じ。

(4) **D**

have long pants on「スラックスをはいている」

have *A* on で「*A* を身につけている」（= *be* wearing *A*）の意味。pants は常に複数形。

(5) **E**

be wearing a striped shirt「しま模様のシャツを着ている」

類 *be* wearing a hat「帽子をかぶっている」，*be* wearing glasses「眼鏡をかけている」，*be* wearing a ribbon「リボンをつけている」（→「衣服の模様」p. 45）

【訳】
(A) その人たちの中の 1 人がブリーフケースを持っている。
(B) 男性が紙袋を抱えている。
(C) その男性はショルダーバッグを持っている。
(D) その女性はスラックスをはいている。
(E) その少女はしま模様のシャツを着ている。

PART 1

練習10

(1)～(5)の絵の内容に合うものを (A)～(E) から選び [ ] に入れなさい。

(1) [　]　　(2) [　]　　(3) [　]

(4) [　]　　(5) [　]

(A) The men are playing instruments.
(B) The man is using a keyboard.
(C) The woman is riding a bicycle.
(D) The woman is taking a photo.
(E) The woman is operating a copy machine.

1. 人が主語

解答と解説

「〜を扱っている[操作している]」は,

S is/are *do*ing ＋目的語（道具・器具など）

で表します。

(1) **C**

be riding a bicycle「自転車に乗っている」

「自転車」は bike とも言います。

(2) **D**

be taking a photo「写真を撮っている」

「写真を撮る」は take a picture とも言います。

㊑ take a copy「コピーをとる」

(3) **E**

be operating a copy machine「コピーをとっている」

「コピー機を操作している」が直訳。operate「（機械などを）動かす,操作する」

(4) **B**

be using a keyboard「キーボードを使って（入力して）いる」

㊑ *be* using a mouse「マウスを使っている」

keyboard は「楽器」にも使います（→(5) 参照）。

(5) **A**

be playing instruments「楽器を演奏している」

この play は,楽器（musical instruments）を「演奏する」。

楽器にはふつう the をつけますが,最近はつけないこともあります。

【訳】
(A) その男性たちは楽器を演奏している。
(B) その男性はキーボードを使って（入力して）いる。
(C) その女性は自転車に乗っている。
(D) その女性は写真を撮っている。
(E) その女性はコピー機を使っている。

PART 1

⑥「〜にいる」(場所・位置)

練習11

(1)〜(5)の絵の内容に合うものを(A)〜(E)から選び[ ]に入れなさい。

(1) [　]　(2) [　]　(3) [　]

(4) [　]　(5) [　]

(A) They are around the conference table.
(B) The woman is at the check-in counter.
(C) The woman is in front of the camera.
(D) The child is on the man's shoulders.
(E) The service attendant is behind the counter.

1. 人が主語

解答と解説

単に，人がいる「場所・位置」を表すときは，

S is/are ＋前置詞

の形を使います。

at, in, on, in front of, behind, around などの「場所」を表す前置詞がポイントです。

(1) **C**

be in front of「～の前にいる」

(2) **B**

be at「～のところにいる」

check-in counter は「(空港 [ホテル] の) 搭乗 [宿泊] 手続きのカウンター」。

類 check-out counter「(スーパーなどの) レジ」

(3) **E**

be behind「～の向こうにいる」

the service attendant「係員，店員」

(4) **D**

be on「～の上にいる」

on *one's* shoulders「人に肩車されている」

(5) **A**

be around「～を囲んでいる」

※「There is/are ... ＋前置詞」も場所を表す表現によく使われます（次項参照）。

【訳】
(A) 彼らは会議の席についている。
(B) その女性はチェックイン・カウンターにいる。
(C) その女性はカメラの正面にいる。
(D) その子どもは男性に肩車されている。
(E) そのサービス係はカウンターの向こうにいる。

PART 1 描写問題

PART 1

2. 物が主語

①「〜(場所)にある・置かれている」(場所・位置)

練習12

(1)〜(5)の絵の内容に合うものを(A)〜(E)から選び[ ]に入れなさい。

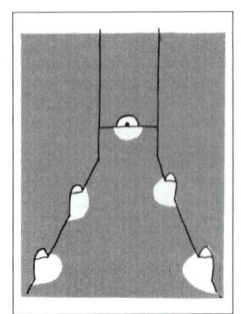

(1) [　]　　(2) [　]　　(3) [　]

(4) [　]　　(5) [　]

(A) There's a dome on the top of the building.
(B) There are lights along the aisle.
(C) The bus station is beside the car park.
(D) The sign is above the crossing.
(E) The sailboat is in the harbor.

2. 物が主語

解答と解説

「物」が主語の場合は，be動詞の文か，「受身」の文が使われます。物の「場所・位置」は，

S is/are ＋前置詞

あるいは，

There is/are ... ＋前置詞

で表します。at, in, on, in front of, behind, around, by, near など「場所」を表す前置詞がポイントです。

(1) **E**

be in「～の中にある」

(2) **C**

be beside「～のそばにある」

beside は「すぐそばに」。少し離れているが「近い」ときには near を使います。

(3) **D**

be above「～の上方に」

sign「標識，看板」，crossing「横断歩道，交差点」

(4) **B**

There is/are ... along「～に沿って…がある」

aisle [áil]「通路」は発音注意。

(5) **A**

There is/are ... on the top of「～の頂上に…がある」

反対は at the foot of「～のふもとに」。dome「丸屋根，ドーム」(形の表し方については「形状・形態」p. 52 参照)

【訳】
- (A) その建物の上にドームがある。
- (B) 通路に沿って明かりがある。
- (C) そのバス停は駐車場のそばにある。
- (D) 標識が横断歩道の上にある。
- (E) そのヨットは港にある。

PART 1

練習13

(1)～(5)の絵の内容に合うものを (A)～(E) から選び [ ] に入れなさい。

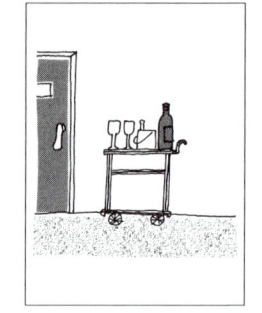

(1) [   ]   (2) [   ]   (3) [   ]

(4) [   ]   (5) [   ]

(A) The bench is next to the railing.
(B) The plant is near the window.
(C) The notices are on the bulletin board.
(D) The cart is by the door.
(E) The boy's arm is around the girl's shoulders.

2. 物が主語

解答と解説

(1) C

be on「～(の上)にある」

この on は「～の上に接して」という意味です。bulletin board は「(公の)掲示板」。

(2) D

be by「～のそばにある」

beside も同じような意味ですが, beside には「並んで」という意味合いがあります。

(3) B

be near「～の近くにある」

(4) A

be next to「～の隣にある」

next to は「すぐ隣に, 隣接して」という意味です。railing は「手すり, 柵」。

(5) E

be around「～をひとまわりして, ～を回って」

【訳】
(A) そのベンチは柵の隣にある。
(B) その植物は窓のそばにある。
(C) その掲示板にお知らせがある。
(D) そのカートはドアのそばにある。
(E) その少年は腕を少女の肩にまわしている。

PART 1

②「〜（場所）に…されている」（状態＋場所）

練習14

(1)〜(5)の絵の内容に合うものを (A)〜(E) から選び [ ] に入れなさい。

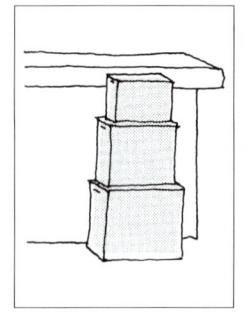

(1) [　] 　　(2) [　] 　　(3) [　]

(4) [　] 　　(5) [　]

(A) A van is parked along the street.
(B) Boxes are stacked in front of the counter.
(C) Notices are posted on the board.
(D) The fire exit is located at the end of the corridor.
(E) The sign is fixed on the gate.

2. 物が主語

解答と解説

物の「状態」と「場所」は，

受身＋（場所を表す）前置詞

で表現されます。

※「置く」「配置する」という意味合いの動詞が使われます。

(1) **D**

be located at the end of 「～の端に設置されている」

locate は「(置く場所を) 決める」。fire exit「非常口」, end「端, 突き当たり」, corridor「廊下, 通路」

(2) **A**

be parked along 「～沿いに駐車されている」

(3) **E**

be fixed on 「～(の上) にしっかり取り付けられている」

fix は「しっかり取り付ける」。

(4) **C**

be posted on 「～(の上) にはられている」

post は「(ビラなどを) はる」という意味。

(5) **B**

be stacked in front of 「～の前に積まれている」

stack は「積む，積み重ねる」の意味。

【訳】
- (A) ライトバンが通り沿いに駐車されている。
- (B) カウンターの前に箱が積み重ねられている。
- (C) 掲示板にお知らせがはり出されている。
- (D) 非常口は廊下の一番奥にある。
- (E) その標識は門に取り付けられている。

PART 1

練習15

(1)～(5)の絵の内容に合うものを (A)～(E) から選び [ ] に入れなさい。

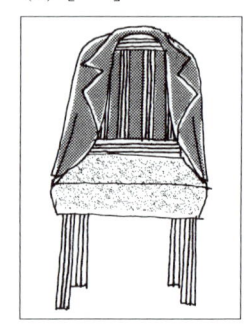

(1) [   ]   (2) [   ]   (3) [   ]

(4) [   ]   (5) [   ]

(A) Some dolls are displayed in the window.
(B) The glasses are lined up on the shelf.
(C) A container has been placed on the scale.
(D) The map is spread out on the desk.
(E) A jacket is draped on the chair.

2．物が主語

解答と解説

(1) B

　be lined up on「〜に並べられている」

　　line up は「そろえて1列に並べる」という意味。

(2) D

　be spread out on「〜の上に広げられている」

(3) A

　be displayed in「〜の中に陳列されている」

　　display は「陳列する，展示する，飾る」の意味。

(4) E

　be draped on「〜の上に掛けられている」

　　drape は「ゆったりたらして掛ける」。drape［名］「掛け布，ひだ」

(5) C

　have been placed on「〜の上に置かれている」

　　container は缶・箱・水差し・ビンなどのような「容器」。scale はここでは「はかり」の意味。

PART 1　描写問題

【訳】
(A) 人形がいくつかショーウインドーに陳列されている。
(B) グラスが棚に並べられている。
(C) 容器がはかりにのせられている。
(D) 地図が机の上に広げられている。
(E) 上着がいすに掛けられている。

③「～された (状態) である」

練習16

(1)～(5)の絵の内容に合うものを (A)～(E) から選び [ ] に入れなさい。

(1) [　]　　(2) [　]　　(3) [　]

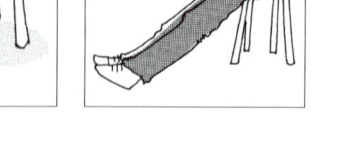

(4) [　]　　(5) [　]

(A) The man's legs are stretched out straight.
(B) The chairs are arranged in rows.
(C) The table has been decorated with flowers.
(D) The floor is covered with litter.
(E) The desk is cluttered with books and papers.

2. 物が主語

解答と解説

物がある [置かれている] 様子は，

受身＋前置詞 [副詞]（句）

で表します。

(1) **D**

 be covered with「～で覆われている」

　litter「ごみ」

(2) **E**

 be cluttered with「～で散らかされている」

　clutter「散らかす」

(3) **B**

 be arranged in rows「整列されている」

　arrange「きちんと並べる，整頓する」。in rows は「列をなして，いく列にもなって」(in a row は「1列になって」)。 row は，ふつう横に並んだ「列」のことを言います。

(4) **C**

 have been decorated with「～で飾られている」

(5) **A**

 be stretched out straight「まっすぐに伸ばされている」

　stretch O out で「(体・手足など) を伸ばす」。

【訳】
- (A) その男性の脚はまっすぐに伸びている。
- (B) いすがいく列にも並べられている。
- (C) そのテーブルは花で飾られている。
- (D) 床はごみだらけだ。
- (E) その机は本や書類で散らかっている。

PART 1

練習17

(1)〜(5)の絵の内容に合うものを (A)〜(E) から選び [ ] に入れなさい。

(1) [   ]   (2)  [   ]   (3) [   ]

(4)  [   ]   (5) [   ]

(A) Two vehicles are parked side by side.
(B) The road is closed for repairs.
(C) The truck is loaded with many boxes.
(D) The car is headed for a bridge.
(E) The car is damaged in the front.

2. 物が主語

解答と解説

(1) C

be loaded with「～が積載されている」

load は「載せる，詰め込む」の意味。load *A* with *B*「*A* に *B* を載せる，詰め込む」「with ～」で載せる物，詰め込む物を表します。

(2) A

be parked side by side「並んで駐車されている」

vehicle [víːəkl] は「乗り物」を一般的に言う言葉。side by side「(横に)並んで」

(3) E

be damaged in the front「前部が損害を受けている」

「後部」は in the rear。in/at the front of「～の前部」と in front of「～の正面」の違いを確認しておきましょう。

(4) D

be headed for「～のほうへ進む」

この head は「(乗り物などを)～のほうへ(for)向ける」という意味。

(5) B

be closed for「～のため閉鎖されている」

【訳】
- (A) 車が2台並んで駐車されている。
- (B) その道路は補修のため封鎖されている。
- (C) そのトラックにはたくさんの箱が積まれている。
- (D) その車は橋に向かって(走って)いる。
- (E) その車は正面が壊れている。

PART 1

④「〜(状態・形など)である」

練習18

(1)〜(5)の絵の内容に合うものを(A)〜(E)から選び[ ]に入れなさい。

(1) [　]　　(2) [　]　　(3) [　]

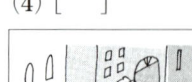

(4) [　]　　(5) [　]

(A) All of the windows are closed.
(B) All of the chairs are vacant.
(C) The parking lot is open to the sky.
(D) The concourse is full of passengers.
(E) The traffic is heavy.

2. 物が主語

解答と解説

物の「状態」や「形態」は,

S is / are ＋形容詞・副詞 (句)

が多く使われます。副詞 (句) の多くは「熟語」になっているものです。

(1) **A**

　be closed「閉まっている」

　　反対は *be* open「開いている」。*be* open / closed は「(店などが) 営業 [閉店] している」の意味でも使います。

(2) **B**

　be vacant「空席である」

　　be empty も同意。反対は, *be* occupied「(部屋, 席などが) ふさがっている」。

(3) **D**

　be full of「～であふれている」

　　concourse「中央ホール, 中央通路」

　　㊞ *be* very crowded「とても混雑している」

(4) **C**

　be open to「～向かって開かれている」

　　be open to the sky で「空に向かって開かれている→屋根がない」の意味。反対は *be* covered「屋根がある」。

(5) **E**

　be heavy「(交通が) 激しい」

　　反対は *be* light「(交通が) 少ない」。

　　㊞ The street is busy (with traffic).「その通りは交通量が多い」

【訳】
(A) 窓はすべて閉められている。
(B) 全部の席が空いている。
(C) その駐車場には屋根がない。
(D) コンコースは乗客でいっぱいだ。
(E) 交通が激しい。

PART 1

練習19

(1)～(5)の絵の内容に合うものを(A)～(E)から選び[　]に入れなさい。

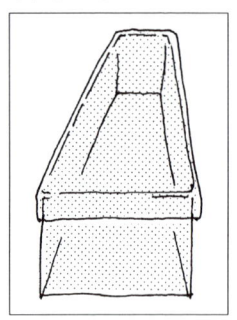

(1) [　]　　(2) [　]　　(3) [　]

(4) [　]　　(5) [　]

(A) The land around the tower is flat.
(B) The two baskets are similar shapes.
(C) The container is rectangular in shape.
(D) The shape of the table is round.
(E) The building has a flat roof.

2. 物が主語

解答と解説

物の「状態」や「形態」は，「形態」を表す形容詞を使って，
S have/has ＋形容詞＋名詞
でも表せます。

※「形態」を表す形容詞→「形状・形態」(p. 52)

(1) **D**

　be round「丸い」

(2) **A**

　be flat「平たんである」

　　land は「陸地」の意味もありますが，ここでは「土地」の意味。

(3) **C**

　be rectangular「長方形である」

　　in shape「形が」

(4) **B**

　be similar shapes「形が似ている」

　　similar「似ている，相似の」。反対は，*be* different shapes「形が異なる」。

(5) **E**

　have a flat roof「屋根が平らである」

　　㊗ have a domed tower「丸屋根の［ドームつきの］塔がある」，have a rounded top「上部が丸味を帯びている」

【訳】
(A) その塔の周りの土地は平らだ。
(B) その２つのかごは似た形だ。
(C) その容器の形は長方形だ。
(D) そのテーブルの形は丸い。
(E) その建物の屋根は平らだ。

PART 1

練習20

(1)～(5)の絵の内容に合うものを (A)～(E) から選び [ ] に入れなさい。

(1) [　]　(2) [　]　(3) [　]

(4) [　]　(5) [　]

(A) The vending machines are in a row.
(B) The bags are on sale.
(C) The cars are for rent.
(D) The books are on display.
(E) The bikes are in a line.

2. 物が主語

解答と解説

(1) **D**

be on display「陳列されている」

(2) **B**

be on sale「特売されている」

be / go on sale で「販売されている [される]」の意味にも使います。for sale は「売り物の」。

(3) **C**

be for rent「賃貸用である」

(4) **E**

be in (a) line「(縦) 1 列に並んでいる」

stand / wait in line の形でよく使います (→ p. 17)。

(5) **A**

be in a row「(横) 1 列に並んでいる」

vending machine「自動販売機」

【訳】
(A) 自動販売機が 1 列に並んでいる。
(B) バッグが特売されている。
(C) レンタカーです。
(D) 本が陳列されている。
(E) 自転車が 1 列に並んでいる。

衣服の模様 ①

a plain shirt
「飾りのないシャツ」

a solid shirt
「無地のシャツ」

PART 1

練習21

(1)～(5)の絵の内容に合うものを (A)～(E) から選び [ ] に入れなさい。

(1) [ ]　　(2) [ ]　　(3) [ ]

(4) [ ]　　(5) [ ]

(A) A race is in progress.
(B) The meeting is in session.
(C) The escalators are in service.
(D) The building is under construction.
(E) Most of the flowers are in full bloom.

2. 物が主語

解答と解説

(1) D

be under construction「工事中である」

(2) E

be in full bloom「花が満開である」

(3) A

be in progress「進行中である」

race はここでは「競技」の意味。

(4) C

be in service「使われている」

service はここでは「(公共的な) 業務」の意味。反対は，*be* out of service「使用中止である」

(5) B

be in session「開会中である」

session は「会議」あるいは「(開会の) 期間」のこと。反対は *be* out of session「閉会中である」

【訳】
(A) レースが進行中だ。
(B) その会議は開会中だ。
(C) エスカレーターは運転中だ。
(D) その建物は工事中だ。
(E) ほとんどの花が満開だ。

衣服の模様 ②

a striped shirt
「しま模様のシャツ」

a checked shirt
「格子・模様 [チェック柄] のシャツ」

⑤「〜(の形態)をしている」

練習22

(1)〜(5)の絵の内容に合うものを (A)〜(E) から選び [ ] に入れなさい。

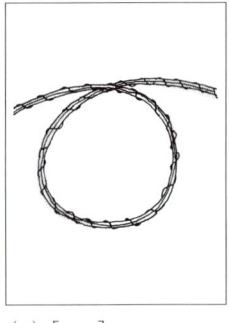

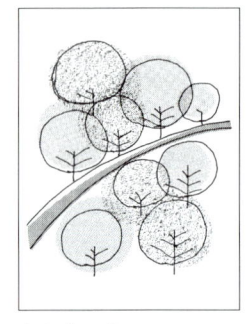

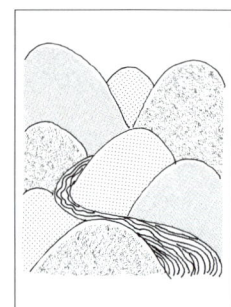

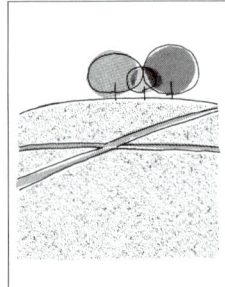

(1) [　]　(2) [　]　(3) [　]

(4) [　]　(5) [　]

(A) The paths are crossing.
(B) The wire rope forms a loop.
(C) The river winds through the valley.
(D) The trail curves to the right.
(E) The cars are passing through the intersection.

2. 物が主語

解答と解説

物の置かれている「様子」や「形態」を，動詞の現在形や進行形でも表します。動作の対象を主語にすると「受身の進行形」になります。

(1) B

form a loop「輪を形作る」

wire rope「ワイヤーロープ」

(2) D

curve to「〜(のほう)へ曲がっている」

trail は「(山などの)小道，通った跡」。

類 curve around「〜に沿って曲がる」

(3) C

wind through「〜(の中)を曲がりくねって進む」

wind [wáind][動]「曲がる，曲がりくねる」。

類 wind around「〜に沿って曲がりくねる，〜に巻きつく」

(4) A

be crossing「交差している」

(5) E

be passing through「〜を通過している」

intersection は「(道路の)交差点」。

【訳】
(A) 小道が交わっている。
(B) そのワイヤーロープは輪を形作っている。
(C) その川は谷間を曲がりくねって流れている。
(D) その小道は右に曲がっている。
(E) 車が交差点を通過している。

PART 1

練習23

(1)～(5)の絵の内容に合うものを (A)～(E) から選び [ ] に入れなさい。

(1) [　　]　　(2) [　　]　　(3) [　　]

(4) [　　]　　(5) [　　]

(A) The vehicles are facing the same direction.
(B) The car is being towed.
(C) The cargo is being loaded onto a truck.
(D) Flags are hanging from the building.
(E) The dog is being examined.

2. 物が主語

解答と解説

(1) **D**

be hanging from「〜から垂れ下がっている」

(2) **A**

be facing *A*「*A*（の方向）へ向かっている」

face は他動詞なので，後に前置詞などを入れません。

(3) **C**

be being loaded「積み込まれているところである」

cargo は「積み荷」のこと。反対は *be* being unloaded (from a truck)「（トラックから）降ろされているところである」

(4) **B**

be being towed「けん引されている」

tow [tóu] は「（車・船などを）引っぱる，けん引する」。

(5) **E**

be being examined「診察を受けている」

【訳】

(A) 車は同じ方向に向かっている。
(B) その車はけん引されている。
(C) その貨物はトラックに積み込まれている。
(D) 旗がその建物から垂れ下がっている。
(E) その犬は診察を受けている。

衣服の模様 ③

a printed shirt
「絵柄の入ったシャツ」

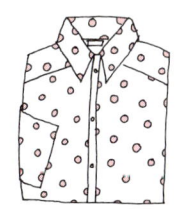

a polka-dotted shirt
「水玉模様のシャツ」

PART 1

形状・形態

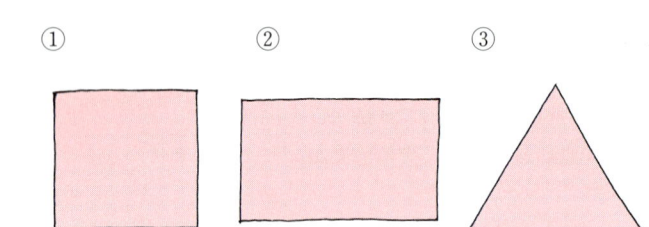

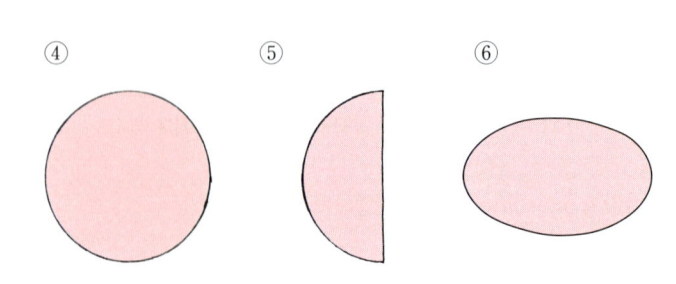

① ② ③

④ ⑤ ⑥

名　詞	形容詞
① square「正方形」	square「正方形の」
② rectangle「長方形」	rectangular「長方形の」
③ triangle「三角形」	triangular「三角形の」
（注）right triangle「直角三角形」	
④ circle「円」	circular「円形の」
⑤ semicircle「半円」	semicircular「半円形の」
⑥ ellipse / oval「楕円」	elliptical / oval「楕円形の」

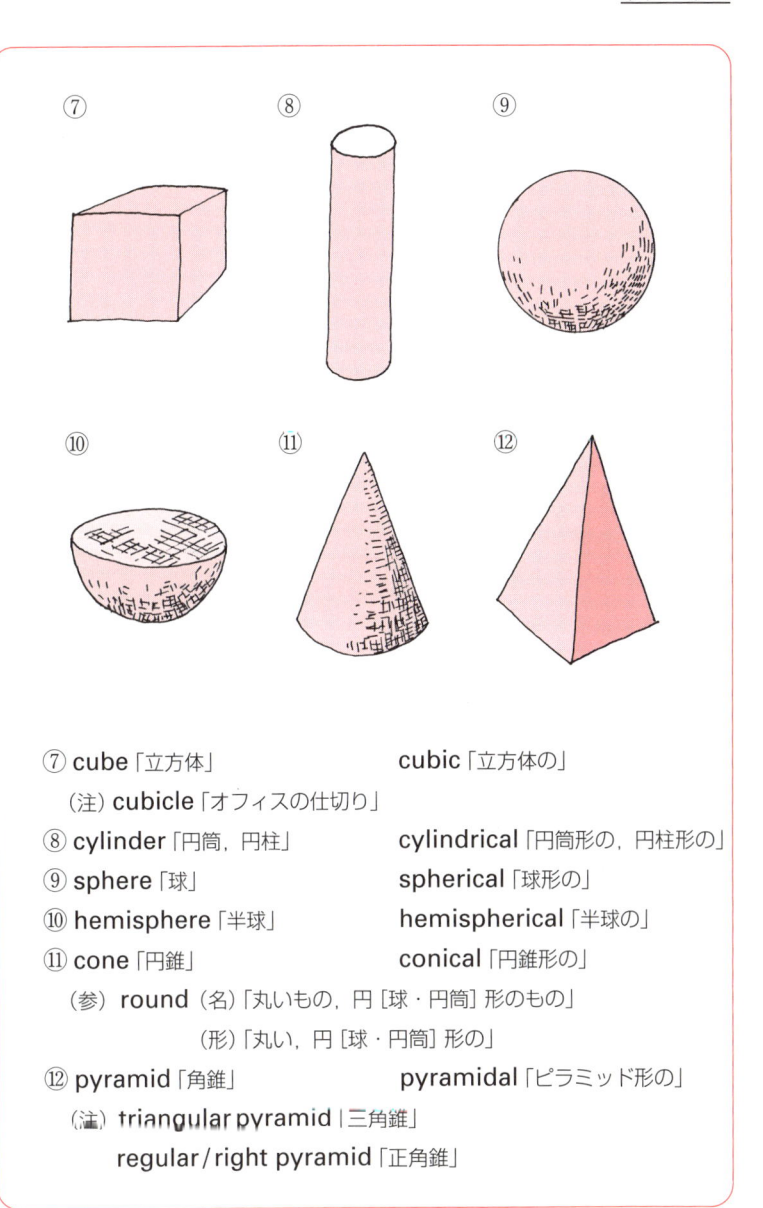

形状・形態

⑦ ⑧ ⑨

⑩ ⑪ ⑫

⑦ cube「立方体」　　　　　　　　cubic「立方体の」
　(注) cubicle「オフィスの仕切り」
⑧ cylinder「円筒, 円柱」　　　　　cylindrical「円筒形の, 円柱形の」
⑨ sphere「球」　　　　　　　　　spherical「球形の」
⑩ hemisphere「半球」　　　　　　hemispherical「半球の」
⑪ cone「円錐」　　　　　　　　　conical「円錐形の」
　(参) round (名)「丸いもの, 円 [球・円筒] 形のもの」
　　　　　　(形)「丸い, 円 [球・円筒] 形の」
⑫ pyramid「角錐」　　　　　　　pyramidal「ピラミッド形の」
　(注) triangular pyramid「三角錐」
　　　regular / right pyramid「正角錐」

PART 1　描写問題

53

PART 1　リスニング・ドリル解答

●練習 1
1．(B)
2．(A)
3．(B)
4．(B)
5．(A)

●練習 2
1．(B)
2．(B)
3．(A)
4．(B)
5．(A)

●練習 3
1．(A)
2．(B)
3．(B)
4．(A)
5．(B)

●練習 4
1．(B)
2．(A)
3．(B)
4．(B)
5．(B)

●練習 5
1．(A)
2．(B)
3．(B)
4．(A)
5．(A)

●練習 6
1．(A)
2．(A)
3．(B)
4．(A)
5．(B)

●練習 7
1．(B)
2．(B)
3．(A)
4．(A)
5．(B)

●練習 8
1．(A)
2．(A)
3．(B)
4．(B)
5．(B)

●練習 9
1．(B)
2．(B)
3．(B)
4．(B)
5．(A)

●練習 10
1．(A)
2．(B)
3．(A)
4．(A)
5．(B)

●練習 11
1．(A)
2．(B)
3．(A)
4．(B)
5．(B)

●練習 12
1．(B)
2．(A)
3．(B)
4．(A)
5．(B)

●練習 13
1．(B)
2．(A)
3．(A)
4．(A)
5．(B)

●練習 14
1．(A)
2．(B)
3．(A)
4．(B)
5．(A)

●練習 15
1．(A)
2．(B)
3．(A)
4．(B)
5．(B)

●練習 16
1．(A)
2．(B)
3．(B)
4．(B)
5．(A)

●練習 17
1．(A)
2．(B)
3．(B)
4．(A)
5．(B)

●練習 18
1．(B)
2．(A)
3．(B)
4．(A)
5．(B)

●練習 19
1．(B)
2．(A)
3．(B)
4．(A)
5．(A)

●練習 20
1．(B)
2．(A)
3．(A)
4．(A)
5．(B)

●練習 21
1．(B)
2．(A)
3．(A)
4．(B)
5．(A)

●練習 22
1．(A)
2．(A)
3．(B)
4．(B)
5．(B)

●練習 23
1．(B)
2．(A)
3．(A)
4．(B)
5．(A)

PART 2

応答問題

Part 2 のポイント

正しい応答文を選ぶ問題です。まず,質問文(まれに普通の文)を聞き取ります。次に,3つの応答文を聞き,この中から,応答として適切なものを1つ選びます。質問文も応答文も,問題用紙には印刷されていません。全部で30問あります。

実際のテストで示される指示文と問題のサンプルは,58ページに掲載してあります。

● Part 2 にでる英文

Part 2 は,日常の会話での,質問と応答のパターンが出題されます。ただし,英会話の教科書にあるような,型どおりの応答を覚えているだけでは,対応できません。さまざまな状況での,臨機応変な応答に慣れている必要があります。

質問には,疑問詞(Wh-の語)で始まる疑問文と,be動詞や助動詞で始まる疑問文の,2つのタイプの文が使われます。また,普通の文の後に,疑問文を追加する付加疑問も,わずかに使われます。

●質問文タイプ別でる順

(1) 疑問詞で始まる疑問文　　　　　　　　　　　　(50%)

疑問詞ごとの,でる順は以下のとおりです。

① How 「どのように」　　⑤ Why 「なぜ」
② What 「なにが」　　　　⑥ Who 「だれが」
③ When 「いつ」　　　　　⑦ Which 「どちらの」
④ Where 「どこで」

疑問詞で始まる疑問文に対して,返答を Yes/No で始めることは,原則としてありません。もし,選択肢の文が,Yes あるいは No で始まったら,それは,ほぼ,間違いなく正解ではありません。

Part 2 のポイント

(2) 一般疑問文 (Yes / No で答えられる疑問文)　　　　(45%)

一般疑問文には，be 動詞の疑問文，一般動詞の疑問文，助動詞 (can / could, will / would など) の疑問文があります。

でる順は以下のとおりですが，あまり差はありません。

① 助動詞の疑問文
② 一般動詞の疑問文
③ be 動詞の疑問文

一般の疑問文の答えは，Yes / No で始まるのが原則ですが，実際の会話では，省かれることもあります。TOEIC の正解の文では，Yes / No で始まるのは約 30％です。Yes / No で始まるかどうかに関係なく，その後に続く内容によって，正しい答えかどうかが決まります。

(3) 付加疑問　　　　　　　　　　　　　　　　　　(5%)

付加疑問の文に対する応答のしかたは，一般疑問文の場合と同じです。くわしくは p. 97 を参照してください。

※質問に対して質問で答えるパターンもあります (→ p. 61 (5))。

Part 2 の問題形式

以下の指示文とサンプル問題が問題用紙に印刷されています。そして、同じ文章が音声で流されます。この部分は、毎回同じですから、試験場で読む必要はありません。ここでは、問題形式を知るために目を通しておいてください。

PART 2

Directions: You will hear a question or statement and three responses spoken in English. They will not be printed in your test book and will be spoken only one time. Select the best response to the question or statement and mark the letter (A), (B), or (C) on your answer sheet.

Example   Sample Answer   Ⓐ ● Ⓒ

You will hear: Where is the meeting room?

You will also hear: (A) To meet the new director.
　　　　　　　　　　(B) It's the first room on the right.
　　　　　　　　　　(C) Yes, at two o'clock.

The best response to the question "Where is the meeting room?" is choice (B), "It's the first room on the right," so (B) is the correct answer. You should mark answer (B) on your answer sheet.

Part 2 の問題形式

[訳]
指示文：1つの質問文または文と，それに対する3つの応答が英語で放送されます。それらは問題用紙には印刷されておらず，1度しか放送されません。質問文または文に対する最も適切な応答を (A)，(B)，(C) から選び，解答用紙にマークしなさい。

例
まず次の文が聞こえます。
「会議室はどこですか」

続いて次の文が聞こえます。
(A)「新しい取締役に会うためです」
(B)「右手の最初の部屋です」
(C)「はい，2時です」

「会議室はどこですか」という質問に対する最も適切な応答は，選択肢 (B)「右手の最初の部屋です」ですから，(B) が正解です。解答用紙の (B) にマークします。

ワン・ポイント

　Part 2 では，質問文中にでている単語と同じ単語や似た音の単語が，ダミーの選択肢によくでてきます（サンプル問題では，選択肢 (A) の meet）。このような，いわゆる「引っかけ」に惑わされないようにしましょう。この対策を，あれこれ，詳しく説明している学習書もありますが，そのようなことよりも，質問と応答のパターンに数多く触れて，応答の文を予測できるようにしておくことのほうが先決です。

PART 2

1. 疑問詞で始まる疑問文

① What の疑問文

練習 1（相手の職業・好みや予定などをたずねる）

(1)〜(5)の質問文に対する返答として適切な英文を, [Ⅰ], [Ⅱ] の (A)〜(E) からそれぞれ1つずつ選び [ ] に入れなさい。

(1) What line of business are you in?　　Ⅰ[　] Ⅱ[　]
(2) What are your plans for this weekend?　Ⅰ[　] Ⅱ[　]
(3) What will you do when you retire?　　Ⅰ[　] Ⅱ[　]
(4) What kind of books do you like?　　　Ⅰ[　] Ⅱ[　]
(5) What would you like for dessert?　　　Ⅰ[　] Ⅱ[　]

[Ⅰ]
 (A) — I'll probably go to the movies.
 (B) — Adventure stories are my favorite.
 (C) — I think I will start my own business.
 (D) — What would you recommend?
 (E) — I'm a sales manager for a publishing company.

[Ⅱ]
 (A) — My work has to do with medical research.
 (B) — Apple pie, please.
 (C) — I enjoy suspense novels.
 (D) — I want to have a big house and go fishing all day.
 (E) — I will be visiting my parents.

※ PART 2 の全訳は pp. 98〜107 にあります。

1. 疑問詞で始まる疑問文

解答と解説

What ... are you ...? あるいは What ... do you ...? の質問に対して、返答はIかMyで始まることが予想されますが、名詞で始まることもあります。

(1) I-E, II-A

質問文は I'm in A. の「A」が疑問詞となって前に出て、in が文末に残った形。I'm in .... か、I work for .... などで答えるのが基本ですが、TOEIC では、解答例のようにもう少しひねった答え方をします。(II-A) have to do with「～と関係がある」

(2) I-A, II-E

質問文は What are you planning/going to do this weekend? と言っても同じです。返答は I will .... が基本ですが、解答例のほかに、I'm going to be *do*ing .... / I am planning .... なども可能です。

(3) I-C, II-D

retire は「退職する、引退する」で、ふつうは「定年で辞める」の意味。返答は、長期的な計画や希望を示すものが適当です。I plan to *do* .... も返答として可能です。

(4) I-B, II-C

I like (to read) .... / I prefer .... などが一般的な答え方ですが、(I-B) のように、答えとなる名詞を先に言うことも多いです。

(5) I-D, II-B

I'd like ..., please. が一般的で丁寧な答え方です。(I-D) のように、質問に対して、逆に問い返すパターンもよくでます。

※全問を通じて、次のような否定の返答が正解になることもあります。常に肯定の返答があるものと思い込んでいると見落としますので注意しましょう。

I don't know. How about you?「分かりません。あなたは？」
(2), (3) で正解。

Nothing special.「特にありません」 (2), (3), (4) で正解。

Nothing, thanks.「何もいりません。ありがとう」(5) で正解。

PART 2

練習2 (意見を聞く・相談する)

(1)〜(5) の質問文に対する返答として適切な英文を, [Ⅰ], [Ⅱ] の (A)〜(E) からそれぞれ1つずつ選び [ ] に入れなさい。

(1) What are we going to do now?　　　　　Ⅰ[　] Ⅱ[　]
(2) What time shall we meet?　　　　　　Ⅰ[　] Ⅱ[　]
(3) What did you think of the concert last night?
　　　　　　　　　　　　　　　　　　　Ⅰ[　] Ⅱ[　]
(4) What should I wear to the party?　　　Ⅰ[　] Ⅱ[　]
(5) What do you say we go to a ball game on Sunday?
　　　　　　　　　　　　　　　　　　　Ⅰ[　] Ⅱ[　]

[Ⅰ]
　(A) ─ How about tomorrow morning?
　(B) ─ That sounds great!
　(C) ─ I think we should study for tomorrow's test.
　(D) ─ You'll be expected to wear a suit and tie.
　(E) ─ It was really great!

[Ⅱ]
　(A) ─ Whenever it would be convenient for you.
　(B) ─ It could have been more lively.
　(C) ─ It's just a casual party.
　(D) ─ I would rather go to a movie.
　(E) ─ Let's have a couple of beers and watch the ball game.

1. 疑問詞で始まる疑問文

解答と解説

(1) I-C, II-E

What are we ...? とあるので，返答は (II-E) のように Let's .... 「…しよう」とも言えますし，(I-C) のように I think we should .... 「…するのがいいと思う」とも言えます。

(2) I-A, II-A

(I-A) How about ...? は具体的に提案するときの標準的な言い方。(II-A) も実際によく使う言い方です。*be* convenient for「～にとって都合のいい」。ほかに，It's up to you.「あなた次第です」，Anytime would be fine for me.「私はいつでも結構です」などもあります。

(3) I-E, II-B

What did you think ...? と，過去形であることに注意します。返答も It was .... など，過去形になることが予想されます (I-E)。(II-B) の「could have ＋過去分詞」は「～できたはずだ」という，「過去の可能性」を表します。lively [形]「元気な，活発な」。

(4) I-D, II-C

What should I ...? と意見を求められていますから，You should .... が返答の基本です。(I-D) もそのような表現の 1 つ。*be* expected to *do*「(当然) ～すると期待されている [婉曲な命令]」。(II-C) は，さらに間接的な言い方で，後に ..., so you don't have to be in formal wear.「フォーマルな服装の必要はない」や ..., so wear something comfortable.「気軽な服装にしなさい」のような意味が含まれています。

(5) I-B, II-D

What do you say (that) ...? は「…するのはどう思いますか」と相手の意見を聞くときの言い方です。(I-B) は賛成。(II-D) I would [I'd] rather ....「むしろ…したい」は，別のことを提案しています。ほかに，I'm working that day.「その日は仕事です」のように，理由を述べる返答もあります。

質問文は，What do you say to O/*do*ing? のようにも言います。この to は前置詞なので後を動詞の原形にしないようにしましょう。

PART 2

練習3 (情報を求める)

(1)〜(5)の質問文に対する返答として適切な英文を, [I], [II]の(A)〜(E)からそれぞれ1つずつ選び[ ]に入れなさい。

(1) What's the best way to contact you?　　I [　] II [　]
(2) What's the forecast for today?　　　　　I [　] II [　]
(3) What are these books for?　　　　　　　I [　] II [　]
(4) What time does the meeting start?　　　I [　] II [　]
(5) What caused the accident?　　　　　　　I [　] II [　]

[I]
(A) — They say it's going to be clear.
(B) — They suspect a leaking gas line.
(C) — They are for my economics class.
(D) — Try my cell phone first.
(E) — As soon as everybody arrives.

[II]
(A) — I'm not sure, but I think it's 2:30.
(B) — The police are not yet sure.
(C) — Sorry. I missed the weather report.
(D) — My boss told me to scan through them for next week's meeting.
(E) — We have a toll free number that you can call.

1. 疑問詞で始まる疑問文

解答と解説

(1) I-**D**, II-**E**

　どうしたら連絡をとれるかを聞かれています (contact は「連絡をとる」)。この質問文を聞いて，すぐに，(I-D) の cell phone「携帯電話」や，(II-E) の toll free number「フリーダイヤル番号」などを予想できるようにしたいものです。ほかにも send me an e-mail [e-mail me]「E メールを送って」とか，leave a message「伝言して」なども考えられます。

(2) I-**A**, II-**C**

　the forecast for today「今日の天気予報」を聞かれています。(I-A) の *be* clear「晴れ (sunny)」のほか，*be* windy「風が強い」，*be* rainy「雨」，*be* cloudy「曇り」などの，天気を表す表現が予想されますが，(II-C) の「weather report (天気予報) を聞かなかった」という答えもありえます。質問文は，What's the weather like today? としても同じです。

(3) I-**C**, II-**D**

　books for A の「A」が疑問詞になって前に出て，前置詞が文末に残った形。(I-C) の They are for .... が標準の返答です。(II-D) は，My boss told me「私の上司が言った」まででは，質問文とのつながりが見えませんが，to scan through「(ざっと) 目を通す」を聞いて，これが正解と分かります。

(4) I-**E**, II-**A**

　What time ... start? という質問文から，時間を表す表現が予測されます。I'm not sure, but I think .... は，返答のまくらとして非常によく使われます。聞き取りとしては，この部分は無視して，その後に注意を集中します。このほか When ...? に対する答え方も参照してください (→ p. 70)。

(5) I-**B**, II-**B**

　質問文の cause は他動詞で「～の原因となる」の意味です。(I-B) suspect A で「A を (原因ではないかと) 疑っている」，leaking gas line は「ガス管の漏れ」，(II-B) は，The police are not yet sure (about the cause).「警察は (原因について)，まだ確信していない」

② How の疑問文

練習4 (How +形容詞・副詞 ...?)

(1)~(5)の質問文に対する返答として適切な英文を, [Ⅰ], [Ⅱ]の(A)~(E)からそれぞれ1つずつ選び[ ]に入れなさい。

(1) How many in your party, please?　　　　Ⅰ[ ]　Ⅱ[ ]
(2) How much do I owe?　　　　　　　　　　Ⅰ[ ]　Ⅱ[ ]
(3) How much longer do you plan on staying?　Ⅰ[ ]　Ⅱ[ ]
(4) How often do you make international calls?
　　　　　　　　　　　　　　　　　　　　Ⅰ[ ]　Ⅱ[ ]
(5) How far is your office?　　　　　　　　Ⅰ[ ]　Ⅱ[ ]

[Ⅰ]
(A) — With tax, it will be $10.75.
(B) — Until Christmas.
(C) — Almost every day.
(D) — Just two.
(E) — Just a few blocks from here.

[Ⅱ]
(A) — Hardly ever; just a few times a year.
(B) — It's on the house.
(C) — Four of us, thank you.
(D) — It's a ten-to-fifteen minute drive.
(E) — Actually, I was just about to leave.

1. 疑問詞で始まる疑問文

解答と解説

How には，次の 2 種類の用法があります。

① How ＋形容詞・副詞 ...?「どれくらい…か」〔程度〕

② How ...?「どのように」〔方法〕・「どのような」〔様子・具合〕

このほか，How about ...?「…はどうですか」や How come ...?「どうして (＝ Why)」などの慣用表現もよく使われます。

(1) I-D, II-C

party は「一行，仲間」。How many (people) ...?「何人か」という質問です。当然，返答には，(I-D) two (＝ two people)，(II-C) Four of us「私たち 4 人」のように，「数」の表現が予想されます。

(2) I-A, II-B

How much do I owe? は「(代金は) いくらですか」と聞く言い方です。owe [óu] は，「(金) を負って [借りて] いる」の意味。返答は，It's [It will be] .... が予想されます。(I-A) With tax は「税込みで」，(II-B) on the house は「無料です，店のおごりです」の意味。

(3) I-B, II-E

質問は How much longer ...?「あとどのくらい長く…」。返答には期間を表す表現が予想されます (I-B)。また，質問文の stay「滞在する」に対して，leave「出発する」を使うこともあります (II-E)。*be just about to do*「ちょうど～するところ」。

(4) I-C, II-A

How often ...? と「頻度」を聞いています。international call「国際電話」。返答は once / twice / ... times「1 回 / 2 回 / … 回」(II-A) や，every ...「毎…」(I-C) などの表現が予想されます。

(5) I-E, II-D

How far ...? と会社までの「距離」を聞いています。返答には ... blocks / meters from here のような「距離」(I-E)，It's [It takes me] about ... minutes. のように「時間」，あるいは，a ten-minute drive / walk のように「交通手段」(II-D) が考えられます (minute は複数形にしないことに注意)。a ten to fifteen minute drive は「車で 10 分から 15 分の距離」。

PART 2

練習 5 (How ...?)

(1)〜(5)の質問文に対する返答として適切な英文を，[I]，[II]の(A)〜(E)からそれぞれ1つずつ選び[　]に入れなさい。

(1) How can I get to the hotel from the airport?　　　　　　　　　　　　　　　　I[　]　II[　]
(2) How did you find your new job?　　　I[　]　II[　]
(3) How do you like your coffee?　　　I[　]　II[　]
(4) How is the project going so far?　　　I[　]　II[　]
(5) How come you always come to work so late?　　　　　　　　　　　　　　　　I[　]　II[　]

[I]

(A) ― Cream, but no sugar, please.
(B) ― I found it through a classified ad.
(C) ― I would take the subway.
(D) ― I get caught up in traffic.
(E) ― It's right on schedule.

[II]

(A) ― I was headhunted by an employment agency.
(B) ― We will pick you up at the airport.
(C) ― I like mine black.
(D) ― I have to take my daughter to school.
(E) ― We've had some problems.

1. 疑問詞で始まる疑問文

解答と解説

(1) I-C, II-B

空港からホテルまでの交通手段をたずねています。返答には，交通手段を表す語句と表現が予想されます。たとえば，The best way is by ....「一番いいのは…です」，You can take ....「…で行けます」，... is available.「…があります」などです。(I-C) は，I would ....「私なら…」を前につけてやわらげています。(II-B) pick you up「車で迎えに行く」も，当然，考えられる返答です。

(2) I-B, II-A

How did you find ...? には I found it .... が基本ですが，この部分は省略されることもあります。(I-B) through ... は「…を通じて」で手段を表します。classified ad は「求人広告」。(II-A) headhunt「引き抜く，ヘッドハントする」，an employment agency「職業紹介所，派遣会社」。

(3) I-A, II-C

質問はコーヒーの好みを聞くときの決まり文句です。(II-C) mine は my coffee のこと。Just a little bit of sugar, please.「砂糖を少しお願いします」などもあります。

How do you like ...? は，何かの前に聞けば，「どのようにするか（コーヒーの入れ方，ステーキの焼き具合，理容・美容院での髪型など）」という意味。何かの最中に聞けば，「気に入っているかどうか（好き嫌い）」。後で How did you like ...? とすれば，「気に入った？」の意味になります。

(4) I-E, II-E

How is ～ going? で「～はどんな進み具合か」とたずねています。so far「これまでのところ」。(I-E) right on schedule「まさに予定通り」。反対は behind schedule「予定より遅れて」。

(5) I-D, II-D

How come (= Why) ...? はくだけた言い方です。後は普通の文の語順になります。理由をたずねられていますが，返答が Because .... で始まるとは限りません (→ Why, p. 72)。(I-D) get caught up in traffic は「交通 (渋滞) に巻き込まれる」。

③ When / Where の疑問文

練習 6

(1)～(5) の質問文に対する返答として適切な英文を, [Ⅰ], [Ⅱ] の (A)～(E) からそれぞれ 1 つずつ選び [ ] に入れなさい。

(1) When are you getting off work tomorrow?　Ⅰ[　]　Ⅱ[　]
(2) When did the conference begin?　Ⅰ[　]　Ⅱ[　]
(3) When will you purchase a computer?　Ⅰ[　]　Ⅱ[　]
(4) Where did you go on your vacation?　Ⅰ[　]　Ⅱ[　]
(5) Where should we meet?　Ⅰ[　]　Ⅱ[　]

[Ⅰ]
- (A) — I stayed home.
- (B) — I'll be at the office until at least five.
- (C) — The next time there's a good sale at the store.
- (D) — How about the south entrance of Shinjuku Station?
- (E) — It started at nine a.m.

[Ⅱ]
- (A) — Not until sometime after seven.
- (B) — I spent most of my time in New York City.
- (C) — Two days ago.
- (D) — When the prices go down.
- (E) — Wherever is convenient for you.

1. 疑問詞で始まる疑問文

解答と解説

When/where も，質問のポイントは明確です。「時」や「場所」を表す語句に注意を集中して聞き取ります。

(1) I-B, II-A

get off work は「仕事を終える」の意味。返答は I will be off at .... が基本ですが，I won't be off until .... 「…時までは終わらない」や (I-B) I'll be at the office until .... のように逆に言うこともできます。(II-A) は「7時以降のいつか (まで終わらない)」と幅を持たせた答え方です。

(2) I-E, II-C

conference「会議」は「いつ」始まったか，過去の「時刻・時点」をたずねています。(I-E) の It started .... は基本ですが，(II-C) のように，この部分はよく省略されます。(It started) Last Monday. などもあります (last Monday は副詞句なので，前置詞をつけません)。

(3) I-C, II-D

質問文の purchase (= buy) は形式ばった語で，ビジネスでよく使われます。(I-C) The next time .... は「今度…するときに」の意味。接続詞として使います。(II-D) の when も接続詞で「…するとき」。go down「(物の価格などが) 下がる」。

(4) I-A, II-B

Where did you go ...? ですから，(I went) To Florida. などが考えられますが，(I-A) stay home のほか，stay at/in ...〔場所〕, stay with ...〔人〕, spend the time in/at ...〔場所〕(II-B) などの言い方もあります。

(5) I-D, II-E

質問文のような「相談」あるいは「意見を求める」ものに対しては，How about ...? (I-D) と提案したり，(II-E) のように，相手に決定をゆだねる返答が自然です。Let's meet at the stadium entrance.「競技場の入り口で会いましょう」は前者，It's up to you.「あなた次第です＝あなたが決めていいです」は後者のバリエーションです。

④ Why の疑問文

練習 7

(1)〜(5) の質問文に対する返答として適切な英文を, [Ⅰ], [Ⅱ] の (A)〜(E) からそれぞれ 1 つずつ選び [ ] に入れなさい。

(1) Why doesn't this calculator work?　　　Ⅰ[　] 　Ⅱ[　]
(2) Why was the flight canceled?　　　　　Ⅰ[　] 　Ⅱ[　]
(3) Why didn't you tell me that earlier?　　Ⅰ[　] 　Ⅱ[　]
(4) Why don't you come over tonight?　　　Ⅰ[　] 　Ⅱ[　]
(5) Why don't we ask Jane to join us?　　　Ⅰ[　] 　Ⅱ[　]

[Ⅰ]
(A) — I didn't want to worry you.
(B) — I think she said she'd be busy.
(C) — There were some mechanical problems.
(D) — Thank you. I'd like to.
(E) — Maybe the batteries are dead.

[Ⅱ]
(A) — Yes, I'd love to see her.
(B) — I'd love to, but I have a lot of work to finish.
(C) — Because a storm was approaching.
(D) — Sorry, but I wasn't authorized to do so.
(E) — I accidentally dropped it on the floor.

1. 疑問詞で始まる疑問文

解答と解説

　Why ...? は「理由」をたずねる言い方です。ただし Why don't you ...? は「…したらどう？」〔勧誘〕， Why don't we ...? は「…するのはどう？」〔提案〕。

　「理由」をたずねる Why ...? に対して，Because .... で答えるのが基本ですが，TOEIC では少なく，むしろ，ダミーの選択肢に使われているケースがあって油断できません。

(1) I-E, II-E

　　質問は，calculator「計算機」が現在「動かない」理由をたずねています。(I-E) は maybe で「推量」を述べています。the batteries are dead は「バッテリーがあがっている」。(II-E) は，dropped という「過去」のことを言って，間接的に理由を述べています。

(2) I-C, II-C

　　質問文は，受身の疑問形で「(なぜ)～されたのか」と過去のことをたずねています。flight「(航空)便」，cancel「キャンセルする」。(II-C) は Because がありますが，間接的な理由が述べられています。

(3) I-A, II-D

　　that「そのこと」を earlier「もっと早く」言わなかった理由をたずねています。返答は過去時制が基本です。(I-A) worry は「(人を)心配させる」，(II-D) *be* authorized to *do* は「～する権限がある，～する許可を得ている」

(4) I-D, II-B

　　質問文は「～したらどう？」の意味。come over「ぶらりとやってくる」。勧めを受け入れる場合は，(I-D) I'd like to. や I'd love to. などと言います。勧めを断るときは，それらに続けて (II-B) のように but ... と，断る理由を述べるのがふつうです。

(5) I-B, II-A

　　Why don't we ...? は「…するのはどう？」という提案。返答は，賛成のときは That's a good idea. などをよく使います。反対のときは I don't think it's .... のように控え目な表現を使うか，(I-B) I think .... と理由を述べるのがふつうです。

PART 2

⑤ Who / Whose の疑問文

練習 8

(1)〜(5) の質問文に対する返答として適切な英文を, [Ⅰ], [Ⅱ] の (A) 〜(E) からそれぞれ 1 つずつ選び [　] に入れなさい。

(1) Who made the reservation?　　　　　　　Ⅰ[　] Ⅱ[　]
(2) Who's going to replace Mr. Castro?　　　Ⅰ[　] Ⅱ[　]
(3) Who do you work for?　　　　　　　　　Ⅰ[　] Ⅱ[　]
(4) Who do you think is the best baseball player of all time?　　　　　　　　　　　　　　　　Ⅰ[　] Ⅱ[　]
(5) Whose turn is it to take out the garbage today?
　　　　　　　　　　　　　　　　　　　　Ⅰ[　] Ⅱ[　]

[Ⅰ]
(A) ― Ichiro, among Japanese players.
(B) ― I don't have a job right now.
(C) ― It's your turn.
(D) ― My travel agent.
(E) ― I'm not sure yet.

[Ⅱ]
(A) ― I did it by myself.
(B) ― Since you did it yesterday, I'll do it today.
(C) ― I am retired.
(D) ― No one. We are not renewing the position.
(E) ― Sammy Sosa is great but I think that Barry Bonds is the best.

1. 疑問詞で始まる疑問文

解答と解説

　Who は「誰が, 誰を」, Whose は「誰の」の意味 (Whom「誰を」が使われることはなく, 代わりに Who を使います)。

(1) I-D, II-A

　「誰が~したか」と聞いている文です。make the reservation「予約する」。返答は ... did (it). が基本です。(I-D) は did が略された形。travel agent「旅行業者, 旅行代理店」。(II-A) by myself は「自分で」。

(2) I-E, II-D

　replace は「~にとって代わる, ~の後継者となる」の意味。返答は, John Brown is (ready).「ジョン・ブラウン氏 (が決まっている)」のように, 人名が予想されますが, (I-E) のような「不明」という返答もよくあります。(II-D) は, 少しひねった返答ですが, TOEIC ではよくでるケース。renew は「継続する」。

(3) I-B, II-C

　質問文は, work for A の「A」が who になって文頭にでて, for が文末に残った形。(I work for) Toyo Trading Company. などが自然な返答ですが, (I-B) や (II-C) のような, ひねった返答も予想しておくことが必要です。

(4) I-A, II-E

　質問文は, Who is ...? の疑問に do you think が挿入された形で, 「誰が…とあなたは思いますか」の意味。of all time「古今を通じて, 史上」。(I think) Babe Ruth is the best.「ベーブ・ルースが一番 (だと思う)」なども自然な返答です。

(5) I-C, II-B

　turn は「順番」。It is my turn to *do*.「私が~する番」のように使います。質問文は, この my が Whose になったもの。garbage は「生ごみ」。(I-C) は自然な返答。(II-B) のように, 状況や理由をまず説明するのも, 実際のコミュニケーションでは自然な方法です。

PART 2 応答問題

⑥ Which の疑問文

練習 9

(1)〜(5) の質問文に対する返答として適切な英文を，[I], [II] の (A)〜(E) からそれぞれ 1 つずつ選び [ ] に入れなさい。

(1) Which bus goes downtown?　　　　　　　I [　] II [　]
(2) Which countries have you been to?　　　　I [　] II [　]
(3) Which is your fax number － the first one or the second one?　　　　　　　　　　　　　　　　I [　] II [　]
(4) Which time is better for you?　　　　　　　I [　] II [　]
(5) Which of these models would you recommend?
　　　　　　　　　　　　　　　　　　　　I [　] II [　]

[I]

(A) ― Take the number 7 or 21.
(B) ― The second number.
(C) ― I've only been to Mexico.
(D) ― Well, Model A is faster, but Model B is cheaper.
(E) ― Anytime is OK for me.

[II]

(A) ― I'm free after lunch.
(B) ― It depends on how much you'd like to pay.
(C) ― Any bus will take you there.
(D) ― I have never been out of the country.
(E) ― The one that ends in six.

1. 疑問詞で始まる疑問文

解答と解説

Which は，いくつかの中の「どれか」をたずねます。単独でも使えますし，「どの～が」というように，後に名詞をつけても使えます。

(1) I-A, II-C

「どのバスが…？」とたずねています。(I-A) のように路線番号を答えるのが自然です。(II-C) のように Any を使うと，後は単数 (bus) ですが，all を使うと All buses .... と複数になります。

(2) I-C, II-D

「どの国へ行ったことがあるか」と聞いています。have been to *A* の「*A*」を Which countries として，前に出した形です。(I-C) I have been to .... が自然な返答です。否定は (II-D) have never been out of the country「国から外へ出たことがない」や，have never been abroad「海外へは行ったことがない」などがあります。

(3) I-B, II-E

A or *B* を後につけて，2つのものから選ぶ質問文（one は fax number をさします）。(I-B) が基本的な返答，(II-E) は，違う観点からの返答です。the one that ... は，「それ」と言っておいて，後から具体的に説明するときの便利な表現です。

(4) I-E, II-A

Which time ...?「いつ（が都合がよいか）」とたずねているのに対して，(I-E) Any time (is OK).「いつでも（OK です）」は，よくある返答です。(II-A) は *be* free after lunch「昼食後は予定がない［空いている］」と，具体的な時間帯を答えています。

(5) I-D, II-B

Which of these ...? は「これらの…の中のどれを…」。recommend は「勧める」。返答は，This one is the best.「こちらは最高です」などが考えられますが，(I-D) のように，それぞれの特長を述べたり，(II-B) It depends on .... 「…によります」と選択の条件をあげたりすることも多いでしょう。

2. 一般疑問文（Yes / No で答えられる疑問文）

① be 動詞の疑問文

練習10

(1)～(5) の質問文に対する返答として適切な英文を，[Ⅰ]，[Ⅱ] の (A)～(E) からそれぞれ 1 つずつ選び [ ] に入れなさい。

(1) Are you busy right now?　　　　　　　　　　Ⅰ[　] Ⅱ[　]
(2) Are you going to the party this weekend?　Ⅰ[　] Ⅱ[　]
(3) Are you ready to order?　　　　　　　　　　Ⅰ[　] Ⅱ[　]
(4) Are you finished with the copier?　　　　　Ⅰ[　] Ⅱ[　]
(5) Are we allowed to take pictures in the museum?
　　　　　　　　　　　　　　　　　　　　　　　Ⅰ[　] Ⅱ[　]

[Ⅰ]
(A) — I'd like to, but I have to fix my car.
(B) — Not really. Do you need some help?
(C) — I'm sorry, but I just started.
(D) — I'm sorry, cameras are prohibited.
(E) — Yes, but could you tell us your specials today?

[Ⅱ]
(A) — I don't know if I'll have time.
(B) — Only in designated areas.
(C) — Actually, I'm just on my way out.
(D) — Three more and I'll be done.
(E) — Could we have a few more minutes?

2. 一般疑問文

解答と解説

(1) I-B, II-C

「忙しいですか」に対して，(I-B) は No の返答例。Not really.「それほどでも」と言ってから，質問の理由をたずねています。(II-C) は Yes. の返答例。Actually, ...「実のところ (忙しい)」と言ってから，その理由を述べています。いずれも，コミュニケーションでは重要なことです。No. の返答例としては，No, not right now.「いいえ，今は忙しくはありません」などもあります。

(2) I-A, II-A

「～へ行くつもりですか」という質問。(I-A) I'd like to, but .... は，婉曲に No. と言うときの言い方。fix は「～を修理する」。(II-A) I don't know if .... は，決めていないときによく使う表現です。

(3) I-E, II-E

質問は，ウエーターが注文を聞くときの決まり文句。それに対して (I-E) では「特別料理 (specials) は何か」を問い返しています。(II-E) Could we ...? は「…していただけますか」という，丁寧な表現です。注文が決まっているなら，I'd like to have ....「…をお願いします」のような返答が考えられます。

(4) I-C, II-D

be finished with で「～を終える」の意味です。copier は「コピー機 (= copy machine)」。(I-C) は「始めたばかり」，(II-D) は「あと3枚で終わる」と，それぞれ状況を説明しています。これもコミュニケーションでの重要なことです。単に No. では失礼です。

(5) I-D, II-B

質問は「～してもよいか」とたずねています。be allowed to *do*「～することが許されている」。(I-D) は be allowed の反意表現の be prohibited「禁止されている」が使われています。(II-B) の in designated areas「指定された場所で」は，前に，You are allowed to take pictures が略されています。

PART 2

練習11

(1)～(5) の質問文に対する返答として適切な英文を，[I]，[II] の (A)～(E) からそれぞれ1つずつ選び [ ] に入れなさい。

(1) Are there any messages for me? I [　] II [　]
(2) Excuse me. Is this the express train? I [　] II [　]
(3) Is it all right to leave this here? I [　] II [　]
(4) Is there a shop around here where I can buy bottled water? I [　] II [　]
(5) Isn't this your first visit to Disneyland? I [　] II [　]

[I]

(A) — No, it's that one, across the platform.

(B) — No. You better keep it with you.

(C) — Yes, that's why I am excited.

(D) — Sure, there is a convenience store across the street.

(E) — Let me check.

[II]

(A) — Sorry, I don't know of any place around here.

(B) — Actually, I've been here before.

(C) — Your friend called three times.

(D) — Yes. But I can't guarantee that it will be safe.

(E) — Yes, it leaves in five minutes.

2. 一般疑問文

解答と解説

(1) I-E, II-C

「私あての伝言はありますか」が質問。「伝言をお願いできますか」は Could/May I leave a message? と言います。(I-E) の Let me check. は「調べてみます」。

(2) I-A, II-E

(I-A) の that one は that train のこと。会話では，このように，名詞の繰り返しを避けるために，one をよく使います。one が何をさすかを的確にとらえることがポイントです（この one については p. 365 参照）。

(3) I-B, II-D

質問文の Is it all right ...? は「差し支えないですか」の意味。後に to do のほか if ... の形で使います。(I-B) You better do「～したほうがよい，～しなさい」はくだけた表現です。ほかに，Certainly.「いいですとも」のような返答も可能です。(II-D) は Yes. の後に But .... で条件をつけています。

(4) I-D, II-A

「～を買える店はありますか」とたずねています。around here は「この辺りで」。(I-D) は Yes. のときの返答例。(II-A) は「分からない」という返答の例です。

(5) I-C, II-B

「～は初めてではないのですか」という問い。否定の疑問文に対する返答の仕方に注意しましょう。英語では，たずねられた「事」に対して Yes/No を言います（日本語では，相手の「言葉」（考え）に対して「はい」「いいえ」を言うので，訳すと逆になります。訳して考えないのが一番です）。この問題では the first visit なら Yes. で，not the first visit なら No. です。(I-C) では Yes の後を省略して，that's why ...「それで…，そういうわけで…」と続けています。(II-B) は，Actually「実のところ」の1語で，No. の文意を表しています。

PART 2

② 一般動詞の疑問文 (**Do / Does / Did ... ?**)

練習12

(1)〜(5)の質問文に対する返答として適切な英文を，[Ⅰ], [Ⅱ]の(A)〜(E)からそれぞれ1つずつ選び [ ]に入れなさい。

(1) Do you have change for a five-dollar bill?　Ⅰ[　] Ⅱ[　]

(2) Do you know why the meeting was postponed?

　　　　　　　　　　　　　　　　　　　　　Ⅰ[　] Ⅱ[　]

(3) Do you think this project will be successful?

　　　　　　　　　　　　　　　　　　　　　Ⅰ[　] Ⅱ[　]

(4) Does anyone know when Michael is coming?

　　　　　　　　　　　　　　　　　　　　　Ⅰ[　] Ⅱ[　]

(5) Does this tie go with this suit?　　　　Ⅰ[　] Ⅱ[　]

[Ⅰ]
- (A) — I heard that Mr. Kerry was sick.
- (B) — I sure hope so.
- (C) — How would you like it?
- (D) — He should be here in an hour.
- (E) — Sure. You look nice.

[Ⅱ]
- (A) — I'm beginning to have my doubts.
- (B) — Yes, but I don't have any coins.
- (C) — His plane was delayed, so he won't be here until 10.
- (D) — No, the colors don't match.
- (E) — Not everyone could come at that time.

2. 一般疑問文

解答と解説

Do の疑問文では，相手（聞き手）にたずねる形（Do/Did you ...?）が最も多くなります。

動詞は，have, know, think, get, want, say, come, like などが頻出。動詞が mind の文は注意が必要です（→ p. 85 (2)）。

(1) I-C, II-B

質問文の change は「つり銭，小銭」。ここでは「小銭」の意味で，「5 ドル札を細かくできないか」とたずねています。(I-C) は How ... ?「どのように…」と疑問文で応じ，(II-B) は，Yes, but ....「できますが，しかし…」と応じています。

(2) I-A, II-E

質問文は Do you know の後に why ... の間接疑問が続いた形です。postpone は「延期する」。返答が Yes．「知っている」の場合は，その内容が述べられることが予想されます。そのとき，(I-A) の I (have) heard (that) .... がよく使われます。(II-E) の Not everyone could come は「来ることができたのは全員ではなかった」（部分否定）の意味。

(3) I-B, II-A

質問文は Do you think that ...?「…と思いますか」の that が省略された形です。(I-B) は hope を使って，断定を避けた返答です。(II-A) begin to have (*one's*) doubt で「疑いを抱き始める」。

(4) I-D, II-C

know の後に when ... の間接疑問が続いた形です。when ですから，返答には「時間」の表現が予想されます。(I-D) は，be here in an hour「1 時間後に，ここにいる→来る」，(II-C) は won't be here until 10「10 時までは，ここにいない→来ない」。in と until の使い分けを確認しておきましょう。

(5) I-E, II-D

質問の go with は「～と合う，調和する」。「スーツにネクタイが合うかどうか」とたずねています。(I-E) look nice「素敵です」。(II-D) don't match「…が合わない，調和しない」。go with と match は同意です。

PART 2

練習13

(1)～(5) の質問文に対する返答として適切な英文を，[Ⅰ], [Ⅱ] の (A)～(E) からそれぞれ1つずつ選び [ ] に入れなさい。

(1) Don't you think we should get going?　　Ⅰ[　]　Ⅱ[　]
(2) Do you mind if I borrow this book for a while?
　　　　　　　　　　　　　　　　　　　　Ⅰ[　]　Ⅱ[　]
(3) Did you hear about the result of yesterday's meeting?
　　　　　　　　　　　　　　　　　　　　Ⅰ[　]　Ⅱ[　]
(4) Did you understand the instructions?　　Ⅰ[　]　Ⅱ[　]
(5) Did anyone leave a message for me?　　Ⅰ[　]　Ⅱ[　]

[Ⅰ]
(A) ― No. What happened?
(B) ― Mr. Taylor called and said he would be 20 minutes late.
(C) ― Not at all. Go ahead.
(D) ― Yes, let's get started.
(E) ― Yes, they were clear.

[Ⅱ]
(A) ― I have nothing here.
(B) ― Sorry. I need it this weekend.
(C) ― Wait, I'm not ready yet.
(D) ― Somewhat, but not completely.
(E) ― Yes, if you mean the proposed salary cuts.

2. 一般疑問文

解答と解説

(1) I-D, II-C

　Don't you think we should …? は直訳すると「…すべきだと思いませんか」ですが，意味は「提案」です。質問文の get going は (I-D) の get started と同意で「始める，取りかかる」。

(2) I-C, II-B

　Do you mind if …? は，「許可」を求める丁寧表現です。mind は「嫌だと思う」という意味で，直訳すると「あなたは…が嫌ですか」。したがって，No. は「かまいません，どうぞ」。(I-C) の Not at all. や Of course not. のように，No を強めると，より好意的な返答になります。Go ahead「どうぞ（お使いください）」。反対に，Yes. は「嫌です」ということになりますが，(II-B) のように，控え目に言うのがふつうです。また断るときには，その理由をきちんと言うこともコミュニケーションの礼儀です。

(3) I-A, II-E

　質問文は，Did you hear …?「聞いた？」と過去形です。「聞いた」ときは Yes, I did. が基本形ですが，(II-E) では後に留保がついています。proposed は「提案された」。反対に，No. の場合は，当然にも (I-A) のように質問するでしょう。

(4) I-E, II-D

　前問と同様，過去形の質問文ですから，返答も (I-E) のように過去時制が自然です。(II-D) の somewhat は「ある程度」の意味で，会話ではよく使います。Some of them were confusing.「分かりにくいのがいくつかありました」なども返答として可能です。

(5) I-B, II-A

　練習 11 (1) と同意の質問文です。そちらの返答例も参照してください。次の例も返答の 1 つ。I'll check and let you know.「調べてお知らせいたします」

③ 助動詞の疑問文

練習14 (Can / Could)

(1)〜(5) の質問文に対する返答として適切な英文を, [Ⅰ], [Ⅱ] の (A)〜(E) からそれぞれ1つずつ選び [ ] に入れなさい。

(1) Could you get back to me on this as soon as possible?
　　　　　　　　　　　　　　　　　　　　　Ⅰ[　] Ⅱ[　]

(2) Could you tell me where the men's wear section is?
　　　　　　　　　　　　　　　　　　　　　Ⅰ[　] Ⅱ[　]

(3) Can I get you something to drink?　　　Ⅰ[　] Ⅱ[　]

(4) Could I make an appointment for this afternoon?
　　　　　　　　　　　　　　　　　　　　　Ⅰ[　] Ⅱ[　]

(5) Can you believe what happened today?　Ⅰ[　] Ⅱ[　]

[Ⅰ]
(A) — No. I'm still shocked about it.
(B) — May I have your name please?
(C) — Anything cold would be great.
(D) — It's on the fifth floor.
(E) — OK, I'll call you this afternoon.

[Ⅱ]
(A) — No, thank you. I'm fine.
(B) — It's next to the escalator.
(C) — I'll try but probably won't be able to let you know before Tuesday.
(D) — I'm sorry, I'm afraid we're fully booked.
(E) — Yes, actually. We were expecting this for quite a while.

2. 一般疑問文

解答と解説

　助動詞の疑問文では, can/could と will/would が70％以上をしめます。Can/Could you ...? は「依頼」の意味。Can/Could I ...? は「許可」を求める意味から, 婉曲に「依頼する」の意味がでてきます。ともに could を使うと丁寧な言い方になります。

　※「依頼」には Will/Would you ...? も使います（→ will/would p. 88）。「許可」を求める意味では May I ...? も使います。

(1) I-E, II-C

　「～していただけますか」という丁寧な依頼です。get back to は「～に返事をする」。返答には「連絡する」「知らせる」などの表現が予想されます。(I-E) は call you「電話する」, (II-C) は let you know「知らせる」が使われています。Sure (thing).「いいですとも, もちろん」のような簡潔な返答もありえます。

(2) I-D, II-B

　Could you tell me の後に where の間接疑問を続けて「場所」をたずねています。(I-D)(II-B) ともに It's on [next to] .... の形で, 具体的に場所を答えていますが, I'm not sure.「分かりません」のような答えもありえます。

(3) I-C, II-A

　「～をお持ちしましょうか」と勧める文に対して, (I-C) は肯定, (II-A) は否定の返答をしています。(I-C) anything cold は「冷たいものなら何でも」。

(4) I-B, II-D

　医院の窓口などで「予約をしたいのですが」と言っています。make an appointment は「予約する」。(I-B) は「できる」が前提の返答。(II-D) は「できない」場合の返答です。book「予約する」

(5) I-A, II-E

　これは「依頼」ではなく,「～を信じることができるか」〔可能〕の意味です。(I-A) *be* shocked「ショックを受ける」, (II-E) for quite a while「かなり長い間」。

PART 2　応答問題

PART 2

練習15 (Will / Would)

(1)～(5) の質問文に対する返答として適切な英文を，[Ⅰ]，[Ⅱ] の (A)～(E) からそれぞれ 1 つずつ選び [ ] に入れなさい。

(1) Will you pass me those documents on the counter?
　　　　　　　　　　　　　　　　　　　　　Ⅰ[　]　Ⅱ[　]

(2) Would you explain to me how to use this cell phone?
　　　　　　　　　　　　　　　　　　　　　Ⅰ[　]　Ⅱ[　]

(3) Would you like some coffee?　　　　　Ⅰ[　]　Ⅱ[　]
(4) Would you like to leave a message?　 Ⅰ[　]　Ⅱ[　]
(5) Would you like to go to the movies?　Ⅰ[　]　Ⅱ[　]

[Ⅰ]
　(A) ― Sure. It's really quite simple.
　(B) ― Yes, with cream and sugar.
　(C) ― No thanks. I'll call again later.
　(D) ― That's a great idea!
　(E) ― Here you are.

[Ⅱ]
　(A) ― Sorry, but my hands are full.
　(B) ― Sorry, I don't know how they work.
　(C) ― Actually, I'd just like to stay home and relax.
　(D) ― No thanks. Just tell him Jack returned his call.
　(E) ― No thanks. I'm fine with water.

2. 一般疑問文

解答と解説

Will/Would の疑問文は，ほとんどの場合 (85%) you が続きます。残りは he, she, it, they などですが，I はありません。

Will/Would you ...? は，相手の意志をたずねることから，「依頼」や「勧誘」の意味になります。Would は「丁寧」な言い方。

(1) I-E, II-A

「…してくれますか」という普通の依頼です。pass「手渡す」。(I-E) Here you are.「〔物を差し出しながら〕はいどうぞ」。依頼に応じられないときは，(II-A) Sorry, ... などと言うのが礼儀です。my hands are full「手がはなせない」。

(2) I-A, II-B

「…していただけますか」と丁寧に「依頼」しています。how to use ~は「~の使い方」，cell phone「携帯電話」。「依頼」に応じるときは，まず，Sure./Certainly.「承知しました」などと言います (I-A)。(II-B) の work は「(機械などが) 働く，作動する」。

(3) I-B, II-E

Would you like ...? は「~はいかがですか」と食べ物・飲み物などを勧める言い方です。「ええ，いただきます」は (I-B) Yes, ... や Sure, thanks.「ええ，ありがとう」など。断るときも (II-E) No, thanks. とお礼を言うのが礼儀です。

(4) I-C, II-D

Would you like to *do*? は，「~したいですか」→「~されますか」と相手の意向をたずねる表現です。(II-D) の return *one's* call は「折り返し電話する」。伝言をするときは，Please tell A to *do* [that ...]「A に~するよう [...だと] 伝えてください」などと言います。

(5) I-D, II-C

Would you like to *do*? は，「~いたしませんか」と，丁寧に誘う表現にもなります。誘いに応じるときは (I-D) のほかに，I'd love to.「ぜひとも」，That sounds like fun.「それは面白そうですね」など。断るときは，I'd love to, but ....「~したいのだけれど，…」などもあります。

PART 2

練習16 (Will / Would)

(1)〜(5)の質問文に対する返答として適切な英文を, [I], [II] の (A)〜(E) からそれぞれ1つずつ選び [ ] に入れなさい。

(1) Would you like me to help you install this software?
　　　　　　　　　　　　　　　　　　　　　I [　] 　II [　]

(2) Would you mind if I visited you at your office?
　　　　　　　　　　　　　　　　　　　　　I [　] 　II [　]

(3) Won't you come and have dinner with us? 　I [　] 　II [　]

(4) Will the conference start on schedule?　　　I [　] 　II [　]

(5) Would it be possible to deliver this today? 　I [　] 　II [　]

[I]

(A) — I think so. They are very strict about time.

(B) — Please come and see me at anytime.

(C) — No problem. What is the address?

(D) — No thanks. I think I can handle it.

(E) — I'd love to, but I can't tonight.

[II]

(A) — I'd love to. What time shall I come over?

(B) — Yes, if you have time.

(C) — No, it usually starts about five minutes late.

(D) — I'm afraid you will have to wait until tomorrow afternoon.

(E) — I'm sorry, my boss doesn't allow visitors.

2. 一般疑問文

解答と解説

(1) I-**D**, II-**B**

Would you like me to *do*? 「私に〜してほしいですか」→「〜いたしましょうか」と丁寧に申し出る表現です。申し出を受け入れるときは Yes, please. が基本ですが，(II-B) では，if .... で確認しています。

(2) I-**B**, II-**E**

Would you mind if I ...? 「…してもよろしいでしょうか」は許可を求める丁寧な言い方。I の後を過去形にするのが正式です（答え方は，練習 13 (2) 解説参照）。No. が「どうぞ」を表しますが，(I-B) のように Please で始めるのも一般的です。at anytime は「いつでも」。Yes. の場合は (II-E) のように，理由を付け加えるのがマナーです。

(3) I-**E**, II-**A**

Won't you ...? は「…しませんか」と誘う表現。ここでは食事に誘っています。have dinner with は「〜と一緒に食事をとる」。解答はどちらも I'd love to. 「ぜひそうしたい」と答えていますが，(I-E) は後に but ... と続けて，婉曲に断っています。(II-A) come over は「〜に立ち寄る」。Yes, that would be wonderful. 「ええ，それは素晴らしいですね」なども可能です。

(4) I-**A**, II-**C**

質問文のような Will he / she / it ...? などは，未来の疑問で，「…だろうか」という意味です。Would ...? にすると疑問の気持ちが強調されます。(I-A) *be* strict about は「〜に対して厳しい」。

(5) I-**C**, II-**D**

Would it be possible to *do*? は「〜することは可能でしょうか」。郵便局か宅配便の窓口でたずねている文です。(II-D) の I'm afraid .... は，否定的なことを言うときの，まくら表現。

Would it be possible ...? は，使う場面によっては，婉曲で丁寧な「依頼」にもなります。Would it be possible to take the day off tomorrow? 「明日休みを取ってもよろしいでしょうか」。

PART 2 応答問題

PART 2

練習17 (Shall / Should, May)

(1)~(5)の質問文に対する返答として適切な英文を, [Ⅰ], [Ⅱ]の(A)~(E)からそれぞれ1つずつ選び[ ]に入れなさい。

(1) Shall we start a little early tomorrow?　Ⅰ[ ]　Ⅱ[ ]
(2) Should I bring anything special?　Ⅰ[ ]　Ⅱ[ ]
(3) Should we invite him to the party?　Ⅰ[ ]　Ⅱ[ ]
(4) May I smoke in here?　Ⅰ[ ]　Ⅱ[ ]
(5) May I take your order now?　Ⅰ[ ]　Ⅱ[ ]

[Ⅰ]
(A) — Just yourself.
(B) — What time do you have in mind?
(C) — Sure, no problem.
(D) — I haven't decided yet.
(E) — Well, he doesn't go in for those things really.

[Ⅱ]
(A) — Whatever you like.
(B) — I'd rather you didn't.
(C) — Sure. Everyone would love to see him.
(D) — Well, I'm not really a morning person.
(E) — Yes, I'll have an omelette with a side of toast.

2. 一般疑問文

解答と解説

Shall I/we ...?, Should I/we ...? は，ともに相手の「意志・意向」をたずねる表現です。May I ...? は，「許可」を得る表現。ここから，丁寧にオファーする意味や，店などでの客の応対にも使われます。

(1) I-B, II-D

Shall we ...? は「（みんなで）…しませんか」という「提案」。返答には，「賛成」「反対」が述べられることが予想されますが，(I-B) は「提案」の内容を確認しています。反対の場合は，婉曲あるいは間接的な言い方をするのがふつうです。(II-D) I'm not .... は，その1つ。

(2) I-A, II-A

Should I ...? は，相手の意向をたずねる表現。パーティーに誘われたときのやりとりです。返答の (I-A) は「何もいらない」，(II-A) は「何でも」。具体的に，Please bring a towel.「タオルを1枚持ってきてください」のような返答も可能です。

(3) I-E, II-C

Should we ...? も相手の意向をたずねています。(I-E) は理由を述べて間接的に No. と言っています。go in for は「～を好む，楽しむ」。(II-C) は Sure. (= Yes, we should.) と言って，その理由を Everyone would .... で述べています。

(4) I-C, II-B

May I ...? は「…してもいいですか」と相手の許可を求めています。「いいですよ」と言う場合には，(I-C) Sure や Yes, of course.「もちろんいいですよ」などが考えられます（Do you mind ...? との違いに注意）。(II-B) は断るときの決まり文句。I'd rather は I would rather (that) .... の略。後を過去形にします。「どちらかと言うと…」という遠まわしな言い方です。

(5) I-D, II-E

質問は，レストランなどでの決まり文句の1つです。take (one's) order「注文をとる」。(II-E) の I'll have .... が一般的な返答例です。with a side of は「～の付け合わせで」。

④ 完了形の疑問文

練習18

(1)〜(5)の質問文に対する返答として適切な英文を、[I], [II]の(A)〜(E)からそれぞれ1つずつ選び [ ] に入れなさい。

(1) Have you finished your report yet?　　　I [　] II [　]
(2) Have you met our new manager?　　　I [　] II [　]
(3) Have you been here long?　　　I [　] II [　]
(4) Has anyone seen my cell phone?　　　I [　] II [　]
(5) Has the director already left?　　　I [　] II [　]

[I]
- (A) — I saw it on your desk.
- (B) — Yes. He had an appointment.
- (C) — I handed it in today.
- (D) — Not yet. Could you introduce me?
- (E) — A few years.

[II]
- (A) — No. Did you check your car?
- (B) — Not really. Only for about five minutes.
- (C) — No, he's still in his office.
- (D) — I'm still working on it.
- (E) — Yes. I had a chance this morning.

2. 一般疑問文

解答と解説

完了形の疑問文は,「〜しましたか(完了)」,「〜したことがありますか(経験)」,「〜していますか(継続)」などを質問します。

(1) I-C, II-D

yet は,疑問文では「もう,既に」の意味。「完了」を強調します。(I-C) hand in は「〜を提出する」(目的語が it なので hand it in の語順になっている), (II-D) work on は「(問題などに)取り組む」の意味。ほかに, Almost.「ほとんど(終わってます)」, I'm going to finish it today.「今日は終わらせるつもりです」などのような返答も考えられます。

(2) I-D, II-E

「もう会いましたか」と「経験」を聞いています。(I-D) Not yet.「まだです」は I have not met him yet. を短縮した表現。(II-E) は I had a chance to meet him. ということ。

(3) I-E, II-B

質問は「ここには長くいるのですか」と聞いています。*be* here「ここにいる」の意味が漠然としているので,いろいろな状況の返答が考えられます。(I-E) はややぶっきらぼうな返答です。(II-B) Not really. は「それほどでもありません」。この文では Not really long. の意味です。

(4) I-A, II-A

「誰か〜を見ていない?」は,何かをなくして探している状況と考えられます。(I-A) I saw it on「〜で見たよ」。「経験」や「完了」の質問に対して, Yes. の返答は,過去時制になることを確認しておきましょう(No. の場合は完了形が基本です)。(II-A) の check は「調べる」。

(5) I-B, II-C

疑問文で already を使うと,「そんなに早く」というような驚き・意外の感じを表します。(I-B) の have an appointment は「約束がある」。(II-C) は少しひねった返答例です。

⑤ 付加疑問

練習19

(1)〜(5) の質問文に対する返答として適切な英文を，[Ⅰ], [Ⅱ] の (A)〜(E) からそれぞれ1つずつ選び [ ] に入れなさい。

(1) That dinner was really excellent, wasn't it? Ⅰ[　] Ⅱ[　]
(2) She didn't like my article, did she? Ⅰ[　] Ⅱ[　]
(3) David didn't submit his report yet, did he? Ⅰ[　] Ⅱ[　]
(4) She won't be leaving for another few days, will she?
　　　　　　　　　　　　　　　　　　　　Ⅰ[　] Ⅱ[　]
(5) It sure looks like rain today, doesn't it? Ⅰ[　] Ⅱ[　]

[Ⅰ]
(A) — Yes, it was delicious.
(B) — Yes, it's supposed to rain all week.
(C) — No. He needs one more day.
(D) — She did, but thought it was too long.
(E) — That's correct. She postponed the date until next Monday.

[Ⅱ]
(A) — Yes, he did yesterday.
(B) — No. She didn't think it was fair and balanced.
(C) — No. She will stay one more week.
(D) — Yes, but the weatherman said it will clear up by noon.
(E) — Well, it was also very expensive.

2. 一般疑問文

解答と解説

「付加疑問」は、ふつうの文の後に補足的につけて、同意を求めたり、確認したりする表現です。肯定文には否定形、否定文には肯定形の疑問がつくので、ややこしく感じますが、答え方は明快です。あくまで、答えの文が肯定文になるならば Yes で、否定文になるならば No です。

(1) I-A, II-E

質問文は「食事が素晴らしかったね、そうじゃない？」という問いかけです。(I-A) は肯定的返答です。(II-E) は、Well で不満な点があることを暗示しています。

(2) I-D, II-B

否定文に肯定の付加疑問がついています。(I-D) のように、She did (= liked). と肯定で言えば、Yes. ということです。ただし、後に but ... で留保をつけています。(II-B) の fair and balanced は「公正で公平な」(同じ意味の語を並べた決まり文句)。

(3) I-C, II-A

これも否定文に肯定の付加疑問です。submit「(書類などを) 提出する」。(I-C) No の後の he didn't が省略されています。

(4) I-E, II-C

前問と同様のパターンです。(II-C) No の後の she won't be leaving が略されています。(I-E) の That's correct (= That's right).「そのとおり」は、Yes/No とは異なり、相手の言ったことを肯定する表現です。したがって、この文 (否定の疑問) では No. になります。

(5) I-B, II-D

肯定文に否定の付加疑問の例です。(I-B) の *be* supposed to *do* は「〜すると思われている、〜することになっている」の意味 (ここでは前者の意味)。(II-D) weatherman「気象予報官 [士]」、clear up「晴れ上がる」。

PART 2

訳

練習 1

(1) あなたはどんなお仕事をしていますか。
(2) この週末はどんな予定ですか。
(3) 退職したら,何をするつもりですか。
(4) どんなジャンルの本が好きですか。
(5) デザートは何になさいますか。

[I]
(A) たぶん,映画を見にいくと思います。
(B) 冒険ものが一番好きです。
(C) 自分の事業を始めようと思います。
(D) 何がお勧めですか。
(E) 出版社で営業部長をしています。

[II]
(A) 私の仕事は医学的な研究に関係しています。
(B) アップルパイをお願いします。
(C) サスペンス小説が好きです。
(D) 大きな家を持って,1日中釣りをしたいと思っています。
(E) 両親を訪ねるでしょう。

練習 2

(1) さあ,何をしようか。
(2) 何時に会いましょうか。
(3) 昨夜のコンサートはどうだった?
(4) パーティーに何を着ていったらいいだろう?
(5) 日曜日,野球の試合を見にいくというのはどうだろう?

[I]
(A) 明日の朝はどう?
(B) それはいいね!
(C) 明日の試験の勉強をしたほうがいいと思う。
(D) スーツとネクタイを着用しなければいけないだろうね。
(E) とても素晴らしかった!

[II]
(A) いつでも,ご都合のよろしいときに。
(B) もっと元気があってもよかったね。
(C) カジュアルなパーティーだよ。
(D) それより映画を見にいきたいね。
(E) ビールをちょっと飲んで,野球の試合を見ようよ。

練習　訳

練習3

(1) あなたと連絡をとるのに一番いい方法は何ですか。
(2) 今日の天気予報はどうなっている？
(3) この本は何に使うの？
(4) 会議は何時に始まるの？
(5) 事故の原因は何だったのですか。

[I]
(A) 晴れるだろうって。
(B) 当局はガス漏れを疑っています。
(C) 僕の経済学の授業のためのものだよ。
(D) まず携帯電話にかけてみてください。
(E) 皆が着き次第。

[II]
(A) 確かではないけれど，2時30分からだと思う。
(B) 警察はまだ確信していない。
(C) ごめん，天気予報を聞きそこねた。
(D) 上司が来週の会議のために目を通しておけって言ったんだ。
(E) フリーダイヤルがございます。

練習4

(1) 何人様ですか。
(2) おいくらですか。
(3) あとどれくらい滞在のご予定ですか。
(4) どのくらい（の頻度で）国際電話をかけますか。
(5) あなたの職場はどれくらい（遠い／近い）ですか。

[I]
(A) 税込みで，10ドル75セントです。
(B) クリスマスまで（ここにいるつもりです）。
(C) ほとんど毎日。
(D) 2人だけです。
(E) ここからほんの数ブロックです。

[II]
(A) めったにかけません。（かけても）年にほんの2，3回です。
(B) 無料です。
(C) 4人でお願いします。
(D) 車で10分〜15分の距離です。
(E) 実は，ちょうど出発するところでした。

PART 2

練習 5

(1) 空港からホテルまでどうやって行ったらいいでしょうか。
(2) どうやって新しい仕事を見つけたの？
(3) コーヒーはどうしますか。
(4) これまでのところ，プロジェクトの進行具合はどう？
(5) どうして君はいつもそう仕事に遅れるんだ？

[I]
(A) クリーム入り，砂糖は抜きでお願い。
(B) 求人広告で見つけました。
(C) 私なら地下鉄を使います。
(D) 交通渋滞につかまるんです。
(E) 予定通りです。

[II]
(A) 人材派遣会社にヘッドハンティングされたんです。
(B) 空港にお迎えにまいります。
(C) ブラックがいいです。
(D) 娘を学校に連れていかなければならないんです。
(E) 少し問題が発生しました。

練習 6

(1) 明日何時に仕事は終わる？
(2) いつ会議は始まりましたか。
(3) いつコンピューターを買うの？
(4) 休暇はどこへ行った？
(5) どこで会いましょうか？

[I]
(A) 家にいたよ。
(B) 少なくとも5時まではオフィスにいます。
(C) 次にあの店でいい売り出しがあったら。
(D) 新宿駅の南口はどう？
(E) 午前9時に始まりました。

[II]
(A) 7時以降になるね。
(B) ほとんどニューヨークで過ごしたよ。
(C) 2日前です。
(D) 価格が下がったときに。
(E) どこでも，君の都合のいい所で。

練習 訳

練習 7

(1) この計算機はどうして動かないの？
(2) どうしてその飛行機は飛ばなかったの？
(3) どうしてそれを先に言わなかったの？
(4) 今夜立ち寄っていきませんか。
(5) 一緒にどうかジェーンに聞いてみない？

[I]
(A) あなたに心配させたくなかったのです。
(B) 彼女は忙しいと言ってたと思うよ。
(C) いくつかの機械的な問題があったんです。
(D) ありがとう。ぜひ。
(E) バッテリー切れかもしれないね。

[II]
(A) 賛成，彼女に会いたいね。
(B) ぜひそうしたいんですが，終えなければならない仕事がたくさんあるもので。
(C) 台風が近づいていたからです。
(D) すみません，私にはその権限がなかったものですから。
(E) 誤って床に落としてしまったんです。

練習 8

(1) 誰が予約をしたの？
(2) 誰がカストロ氏の代わりに入るんですか。
(3) どちらにお勤めですか。
(4) 史上最高の野球選手は誰だと思う？
(5) 今日ゴミを出すのは誰の番？

[I]
(A) 日本人プレイヤーではイチローでしょう。
(B) 現在仕事はしていません。
(C) 君の番だよ。
(D) 私の（依頼した）旅行業者です。
(E) まだ分かりません。

[II]
(A) 自分でやりました。
(B) 昨日は君がやったから，今日は僕がやるよ。
(C) 私は退職しました。
(D) 誰も入りません。そのポジションの継続は予定していません。
(E) サミー・ソーサはすごいけど，私はバリー・ボンズが最高だと思う。

PART 2

練習 9

(1) どのバスが街の中心地に行きますか。
(2) どんな国に行ったことがありますか。
(3) 最初のと2番目の、どちらが君のファクス番号？
(4) いつがいいですか。
(5) どちらのモデルがお勧めですか。

[I]
(A) 7番か21番に乗ってください。
(B) 2番目の番号です。
(C) メキシコにしか行ったことはありません。
(D) そうですね、モデルAのほうは速いですが、モデルBのほうがお安いですよ。
(E) 私はいつでもいいです。

[II]
(A) 昼食後、時間があります。
(B) ご予算次第です。
(C) どのバスでも行けます。
(D) 国から出たことはありません。
(E) 6で終わるほうです。

練習 10

(1) 今忙しい？
(2) 今週末パーティーに行くの？
(3) ご注文はお決まりですか。
(4) コピーは終わりましたか。
(5) 美術館で写真を撮ってもいいでしょうか。

[I]
(A) そうしたいんだけど、車を直さなくちゃいけないんだ。
(B) それほどでもない。何か手伝いが必要なの？
(C) すみません、始めたばかりなんです。
(D) すみません、撮影は禁止なんです。
(E) ええ、でも今日のサービスメニューを教えてもらえますか。

[II]
(A) 時間があるかどうか分からない。
(B) 指定された場所だけなら（いいですよ）。
(C) 実は、ちょっと出かけようとしていたんだ。
(D) あと3枚で終わります。
(E) もう少し時間をいただけますか。

練習 11

(1) 私に何か伝言はありますか。
(2) すみません，これは特急列車ですか。
(3) ここにこれを置いていってもいいですか。
(4) この辺りにミネラルウォーターを買える店はありますか。
(5) ディズニーランドに来るのは今回が初めてじゃないよね？

[I]
(A) いいえ，それはあれ，ホームの向こうのです。
(B) いいえ，自分で持っていてください。
(C) 初めてだよ，だから興奮してるんだ。
(D) ありますよ。道の向こう側にコンビニがあります。
(E) 調べてみます。

[II]
(A) すみません，この辺りのことは全く知らないんです。
(B) 実は，前に来たことがあるんです。
(C) お友達が3回電話してきました。
(D) ええ，でも大丈夫かどうか保証できませんよ。
(E) ええ，5分後に出ますよ。

練習 12

(1) 5ドル札を両替できますか。
(2) どうして会議が延期されたか知っていますか。
(3) このプロジェクトは成功すると思う？
(4) 誰かマイケルがいつ来るか知っている？
(5) このネクタイはこのスーツに合うかな？

[I]
(A) ケリー氏が病気だと聞きましたが。
(B) 本当にそうなってほしいね。
(C) どのようにいたしましょうか。
(D) 1時間もしたら来るよ。
(E) ええ。素敵よ。

[II]
(A) 疑わしく思い始めています。
(B) はい，でも硬貨は全然ないんです。
(C) 彼の飛行機が遅れたんだ。だから来るのは10時過ぎでしょう。
(D) だめ，その色は合わないわ。
(E) その時間に全員はそろわなかったのです。

PART 2

練習 13

(1) 始めてもいいとは思いませんか。
(2) この本をしばらくお借りしてもいいですか。
(3) 昨日の会議の結果を聞きましたか。
(4) 指示の内容は分かりましたか。
(5) 誰かから私に伝言はありましたか。

[I]
(A) いいえ。何かあったんですか。
(B) テイラーさんからお電話があり、20分遅れるそうです。
(C) かまいません。どうぞ。
(D) そうですね、始めましょう。
(E) ええ、よく分かりました。

[II]
(A) 何もございません。
(B) ごめんなさい。今週末それが必要なんです。
(C) 待って、まだ準備ができていないんだ。
(D) 何となく分かりますが、でも完全ではありません。
(E) ええ、給料引き下げ案の提示のことでしたら。

練習 14

(1) これについてできるだけ早く、ご返事をいただけますか。
(2) 紳士服売場はどこか教えていただけますか。
(3) 何か飲み物をお持ちしましょうか。
(4) 今日の午後の予約はできますでしょうか。
(5) 今日何があったか信じられる？

[I]
(A) いや、まだショックを受けている。
(B) お名前をお伺いできますか。
(C) 冷たいものなら何でも結構です。
(D) 5階にあります。
(E) 分かりました、午後お電話いたします。

[II]
(A) いえ、結構です。もう十分です。
(B) エスカレーターの隣です。
(C) 努力しますが、火曜日までにお知らせするのは無理かと思います。
(D) 申し訳ありません、あいにく予約で満員です。
(E) ええ、実はね。私たちはかなり前から予想していたんです。

練習 15

(1) そのカウンターの上の書類を取ってくれる？
(2) この携帯電話の使い方を説明していただけますか。
(3) コーヒーはいかがですか。
(4) ご伝言はございますか。
(5) 映画に行きませんか。

[I]
(A) いいですよ。本当にとても簡単なんですよ。
(B) ええ、クリームと砂糖入りで。
(C) いいえ、結構です。後でまた電話します。
(D) それは名案ですね。
(E) はいどうぞ。

[II]
(A) 悪い、手がはなせないんだ。
(B) すみません、私はどうやるのか知らないんです。
(C) 本当のところは、ただ家にいて、のんびりしていたいのです。
(D) いえ、結構です。ジャックが折り返し電話をかけてきたとだけ彼に伝えてください。
(E) いえ、結構です。お水で十分です。

練習 16

(1) このソフトをインストールするのをお手伝いしましょうか。
(2) 事務所にあなたをお訪ねしてもよろしいですか。
(3) 来て私たちと一緒に食事をしませんか。
(4) 会議は予定通りに始まるだろうか。
(5) これは今日配達していただけるでしょうか。

[I]
(A) そう思いますよ。彼らは時間を厳守しますから。
(B) いつでもいらしてください。
(C) 大丈夫ですよ。ご住所はどちらですか。
(D) いいえ、結構です。自分でできると思います。
(E) ぜひそうしたいのですが、今夜は無理なのです。

[II]
(A) 喜んで。何時に伺えばいいですか。
(B) はい、お時間がありましたら。
(C) いいえ、たいてい5分くらい遅れて始まります。
(D) 明日の午後までお待ちいただかねばならないと思います。
(E) 申し訳ありませんが、私の上司は訪問客は認めないんです。

PART 2

練習 17

(1) 明日は少し早めに始めませんか。
(2) 何か特別なものを持っていくほうがいいかしら。
(3) 彼をパーティーに招待すべきでしょうか。
(4) ここで喫煙してもいいですか。
(5) ご注文を伺ってよろしいですか。

[I]
(A) (あなたが) おいでくださるだけで結構です。
(B) 何時くらいを考えているの？
(C) いいですよ，どうぞ。
(D) まだ決めてないです。
(E) でも実のところ彼はそういった事を好きではないよ。

[II]
(A) お好きなものを何でもどうぞ。
(B) できればやめてください。
(C) いいね。みんな彼に会いたいと思うよ。
(D) うーん，私は早起きは苦手なんだよ。
(E) ええ，トースト付きのオムレツをいただきます。

練習 18

(1) もう報告書を仕上げましたか。
(2) うちの新支店長に会いましたか。
(3) ここには長くいるのですか。
(4) 誰か私の携帯電話を見なかった？
(5) 部長はもう出かけてしまったの？

[I]
(A) 君の机の上にあるのを見たよ。
(B) ええ。約束があったんです。
(C) 今日提出しました。
(D) まだです。紹介していただけますか。
(E) 数年です。

[II]
(A) いいえ。車の中は調べたかい？
(B) それほどでもないです。ほんの5分くらいです。
(C) いいえ，まだ自分のオフィスにいます。
(D) まだやっているところです。
(E) ええ。今朝 (お会いする) 機会がありました。

練習 19

(1) あの食事は本当に素晴らしかったね。
(2) 彼女は私の記事が気に入らなかったんだよね。
(3) デイビッドはまだ報告書を提出していないよね。
(4) 彼女はもう2,3日は出発しないよね。
(5) 今日は確実に雨が降りそうだね。

[I]
(A) ええ, おいしかった。
(B) ええ, 週いっぱい降るようですよ。
(C) ええ (まだです)。彼はもう1日必要なんです。
(D) 彼女は気に入ったんだよ, でも長すぎるって思ったんだ。
(E) そのとおりです。彼女は次の月曜日まで日取りをのばしました。

[II]
(A) いいえ, 昨日提出しました。
(B) そう, 彼女はそれが公正かつ公平ではないと思ったんだ。
(C) ええ。彼女はもう1週間とどまるでしょう。
(D) そうね, でも気象予報官は昼までには晴れるだろうって言ったわ。
(E) そうね, でも高くもあったわね。

PART 2 リスニング・ドリル解答

●練習 **1**
1．(B)
2．(A)
3．(B)
4．(A)
5．(B)

●練習 **2**
1．(B)
2．(A)
3．(B)
4．(B)
5．(A)

●練習 **3**
1．(B)
2．(A)
3．(B)
4．(B)
5．(B)

●練習 **4**
1．(B)
2．(A)
3．(B)
4．(A)
5．(A)

●練習 **5**
1．(A)
2．(A)
3．(B)
4．(B)
5．(A)

●練習 **6**
1．(A)
2．(B)
3．(A)
4．(A)
5．(B)

●練習 **7**
1．(B)
2．(A)
3．(B)
4．(A)
5．(A)

●練習 **8**
1．(A)
2．(B)
3．(A)
4．(B)
5．(B)

●練習 **9**
1．(A)
2．(B)
3．(B)
4．(A)
5．(B)

●練習 **10**
1．(A)
2．(A)
3．(B)
4．(A)
5．(B)

●練習 **11**
1．(A)
2．(B)
3．(B)
4．(A)
5．(B)

●練習 **12**
1．(A)
2．(B)
3．(B)
4．(B)
5．(A)

●練習 **13**
1．(A)
2．(B)
3．(A)
4．(B)
5．(B)

●練習 **14**
1．(A)
2．(B)
3．(B)
4．(B)
5．(A)

●練習 **15**
1．(B)
2．(A)
3．(B)
4．(A)
5．(B)

●練習 **16**
1．(A)
2．(B)
3．(A)
4．(B)
5．(B)

●練習 **17**
1．(A)
2．(A)
3．(B)
4．(A)
5．(B)

●練習 **18**
1．(A)
2．(A)
3．(A)
4．(A)
5．(B)

●練習 **19**
1．(B)
2．(A)
3．(A)
4．(B)
5．(A)

PART 3

会話問題

Part 3 のポイント

2人の人物の会話を聞き、その内容についての3つの質問に答えます。質問文（質問文は放送されます）と、答えの選択肢（4つ）は問題用紙に印刷されています。全部で30問あります。

実際のテストで示される指示文と模擬問題は、112ページに掲載してあります。

● Part 3 にでる英文

会話文は、A―B―A、A―B―A―Bの形で、男性と女性、男性と男性、女性と女性の場合があります。

質問文は、ほとんどが疑問詞で始まる疑問文ですが、まれに、一般疑問文（Yes/No で答えられる疑問文）でも出題されます。

●質問文タイプ別でる順
① What で始まる質問文　　　　　　　　　　　（45%）
② Why　　〃　　　　　　　　　　　　　　　　（20%）
③ Where　〃　　　　　　　　　　　　　　　　（10%）
④ How　　〃　　　　　　　　　　　　　　　　（10%）
⑤ Wh- その他（Who, When, Which）　〃　　　（15%）

会話が男性と女性とでなされているとき、質問文では、the man や the woman で、話者の一方を表します。

What is the man asking the woman?
「男性は女性に何を頼んでいますか」

また、質問文に固有名詞がでてくることもあります。

What is Patricia looking for?
「パトリシアは何を探していますか」

これは、会話の中で、どちらかが相手をその名前で呼びかけているか、第三者をその名前で呼んでいるかです。

誰のことについての質問であるかを確認することが大切です。

Part 3のポイント

Part 3のもう1つのポイントは**同意表現**です。

たとえば、会話の中で、

I'd like to make an overseas call to Japan.
「日本に国際電話をかけたいのですが」

と言っていて、問題用紙の質問文に、

What does the woman want to do?
「その女性は何をしたいと思っていますか」

とあれば、正解の選択肢では、

(C) To make an international call.「国際電話をかける」

といった具合です。会話文中の an overseas call が、an international call に言い換えられています。

このように、会話の中の単語や表現が、正解の選択肢では、必ずと言ってよいほど、別の単語や表現で言い換えられています。会話の中にでた単語や表現が使われている選択肢は、正解ではないと言ってもよいくらいです。

言い換えには、
① 同意の単語・熟語で言い換える
② 具体的な語を、一般的[抽象的]な言い方に変える
③ 数量表現の「単位」を変える
④ 品詞を変える（動詞を名詞に、あるいはその逆）
⑤ 主語を変える（能動を受身に、あるいはその逆というように「態」が変わることが多い）

など、さまざまな方法があります（→「言い換え表現のまとめ」p. 156）。

このほか、lost を can't find というように反意語を否定する言い換え表現もよく使われます。。

Part 3 の問題形式

以下の指示文が問題用紙に印刷されています。そして，同じ文章が音声で流されます。この部分は，毎回同じですから，試験場で読む必要はありません。ここでは，問題形式を知るために目を通しておいてください。

PART 3

Directions: You will hear some conversations between two people. You will be asked to answer three questions about what the speakers say in each conversation. Select the best response to each question and mark the letter (A), (B), (C), or (D) on your answer sheet. The conversations will not be printed in your test book and will be spoken only one time.

※このパートは，実際の試験ではサンプルが示されません。ここでは模擬問題を掲載しておきます。

［例題］

---（この部分は印刷されていません）---

M: May I help you?

W: Yes. I'm looking for a tie for my father.

M: All right. How old is he?

Where is this conversation taking place?

(A) At a barber's.

(B) At a restaurant.

(C) At a clothing store.

(D) At a bank.

Sample Answer　Ⓐ Ⓑ ● Ⓓ

Part 3の問題形式

[訳]
指示文：2人の人物の間で交わされる会話を聞きます。各会話の内容についての3つの質問がなされます。質問に対する最も適切な答えを(A), (B), (C), (D)から選び，解答用紙にマークしなさい。会話は問題用紙には印刷されておらず，1度しか放送されません。

例題
男性：いらっしゃいませ（何かご用はありますか）。
女性：ええ。父のためにネクタイを探しているのですが。
男性：承知いたしました。お父さまはおいくつですか。

この会話はどこで行われていますか。
(A) 理髪店で　　　　(B) レストランで
(C) 洋品店で　　　　(D) 銀行で

解説
　店頭での会話です。女性は「ネクタイを探している」と言っていますので，洋品店での会話と思われます。したがって，答えの(C)を選びます。

ワン・ポイント

　会話文が読まれる前に，問題用紙にある質問文と選択肢に目を通しておきましょう。質問文が，Wh-の何で始まっているかを前もって知ることで，会話文の，何に［どこに］注意を集中して聞けばよいかが分かります。

　114ページからの練習問題では，そのような聞き取りのために，質問文を読んでから会話文を見るようにしてあります。

1. Where で始まる質問

練習 1

(1)～(5)の会話の内容について，Question に対する Answer として適切なものを，次ページの (A)～(E) から選び [ ] に入れなさい。

(1)

Q：Where are these people?　　　　　　　　　　　[　]

> W：Should I wrap them together?
> M：No, would you please gift-wrap them separately?
> W：Certainly, sir.

(2)

Q：Where are the man and the woman?　　　　　　[　]

> W：May I bring this bag with me onto the flight?
> M：Yes, but only if it weighs less than 10 kilos.
> W：OK, it's very light.

(3)

Q：Where are the man and the woman?　　　　　　[　]

> W：We would like a double room facing the sea if possible.
> M：I'm afraid all the double rooms are taken, but I can give you a room with two singles on the same side at the same price.
> W：That will be fine. I've always wanted to stay by the ocean.

(4)

Q：Where is this conversation taking place?　　[　]

> W：Do you have the book, "The Lord of the Rings"?
> M：I'm sorry. All copies have been checked out. Could you come back next week?
> W：Yes. I'll do that.

(5)

Q：Where did the man leave his cell phone?　　[　]

> M：I think I left my cell phone on the bus.
> W：Are you sure it isn't around here somewhere?
> M：No. The last time I remember having it was when I paid the driver.

■A：
(A) In a library.
(B) At the airport.
(C) At the front desk.
(D) On the bus.
(E) In a store.

PART 3

解答と解説

Where ...? の質問には，①会話がどこで話されているかを答えるものと，②会話の中で示される場所を答えるもの，の2つのタイプがあります。①のタイプは，必ずと言ってもよいくらいに出題される基本的な問題パターンです。

① Where does this conversation take place?
「この会話はどこでなされていますか」

② Where are they going?「彼らはどこへ行こうとしていますか」

Where did the man get the shoes?
「男性はどこで靴を手に入れましたか」

(1) **E**

包装の仕方について，would you please ...? − Certainly, sir. とやりとりしていることから店頭での会話と考えられます。gift-wrap はここでは動詞で，「進物用に包装する」の意味（gift wrap ともつづります）。店員からの次のような問いかけもよくあります。

Would you like this gift wrapped?
「これはご進物用に包装いたしますか」

(2) **B**

bring ～ onto the flight「～を飛行機に持ち込む」から空港での会話と推測できます。

(3) **C**

like a double room「ダブルの部屋がいい」や give you a room with two singles「シングルベッド2つの部屋を用意する」などから，ホテルでの会話と分かります。ホテルの「フロント」は，front desk または reception desk と言います。

(4) **A**

Do you have the book ...? − All copies have been checked out. 「すべて借りられています。→貸し出し中です」のやりとりから図書館での会話と考えられます。copy は「(本・雑誌などの) 部」，check out は「(本・CDなどを) 借り出す」の意味。

1. Where で始まる質問

(5) **D**

　男性が携帯電話を置き忘れ (leave his cell phone) た場所を聞いています。男性の最初の言葉 ... I left my cell phone on the bus. と，女性の「このあたり (around here) にないのは確かなの？」という問いに答えて男性が，No. ....「うん。…」と言っていることから (D) と分かります。

【訳】
(1) この人たちはどこにいますか。
　女性：一緒に包装したほうがいいですか。
　男性：いいえ，別々に，贈答用に包装していただけますか。
　女性：かしこまりました。
(2) この男性と女性はどこにいますか。
　女性：このカバンは機内に持ち込んでもいいですか。
　男性：ええ，もし 10 キロ以下であれば。
　女性：大丈夫です，とても軽いですから。
(3) この男性と女性はどこにいますか。
　女性：できたら，海に面したダブルルームがいいのですが。
　男性：残念ながらダブルルームはすべて満室ですが，同じ料金で，同じ側に面したシングルベッド 2 つの部屋をご用意することはできます。
　女性：それで結構です。私はずっと海辺に泊まりたかったんです。
(4) この会話はどこでなされていますか。
　女性：『指輪物語』はありますか。
　男性：申し訳ございません。すべて貸し出し中です。来週またおいでください。
　女性：はい，そうします。
(5) 男性はどこに携帯電話を置き忘れましたか。
　男性：バスに携帯電話を忘れてきたと思う。
　女性：どこかこのへんにないのは確かなの？
　男性：うん。最後に持っていたのを覚えているのは，運転手にお金を払ったときだから。

答：
(A) 図書館。　　　　　　　　(B) 空港。
(C) (ホテルの) フロント。　　(D) バスの中。
(E) 店内。

2. What で始まる質問

練習 2

(1)〜(5) の会話の内容について，Question に対する Answer として適切なものを，次ページの (A)〜(E) から選び [ ] に入れなさい。

(1)

Q : What is the man doing? [   ]

W : Scientific Books Company, may I help you?
M : I would like to have a book sent to a friend.
W : Certainly. Could I have your name and phone number, please?

(2)

Q : What is the man doing? [   ]

M : I'd like a single room for the night of October fifth.
W : Would you prefer a smoking or non-smoking room?
M : Non-smoking please.

(3)

Q : What is the woman doing? [   ]

W : They look nice, but my toes pinch a little.
M : I see. How about these?
W : No. I don't like the color.

2. What で始まる質問

(4)

Q：What are they doing?　　　　　　　　　[　]

> W：I'm so tired.
> M：Let's keep on going. We're almost at the end of the trail.
> W：OK, but my feet hurt so badly.

(5)

Q：What are the man and woman doing?　　[　]

> M：I look forward to seeing you again in Seattle.
> W：Likewise. I've enjoyed working with you.
> M：Have a good flight and be careful.

■ A：
(A) Trying on a pair of shoes.
(B) Placing an order on the phone.
(C) Making a hotel reservation.
(D) Hiking.
(E) Saying good-bye.

PART 3

解答と解説

What ...? の質問には，①場面や話題についての質問，②話の内容から推定・類推できることについての質問，③話された事実についての質問，などがあります。

①は主に進行形の文で質問されます。

　　What are they talking about?「彼らは何について話していますか」

②は主に現在(進行形)，未来で質問されます。

　　What is the man's problem?「男性の問題は何ですか」

　　What will the woman do next time?

　　「女性は次回は何をするでしょうか」

③は主に過去，完了形で質問されます。

　　What did the woman request?「女性は何を依頼しましたか」

(1) B

　最初の文は会社などで電話を受けるときの決まり文句です。ここでは，... Books Company と言っていますので，出版社と分かります。次に男性が I would like to have a book sent to a friend「本を友人に送ってもらいたい」と言っているので，本を注文していると推測できます。選択肢 (B) の place an order が「注文する」。

(2) C

　I'd like a single room「シングル・ルームをお願いします」, for the night of October fifth「10月5日の1泊」とでてくるので，ホテルを予約していると分かります。「(ホテルを) 予約する」は (C) の make a (hotel) reservation です。

(3) A

　toes pinch a little「つま先が少しきつい」, I don't like the color「色が好きじゃない」などから靴を選んでいると考えられます。(A) の try on が「試しに着て[履いて]みる」。

(4) D

　男性が ... almost at the end of the trail「山道はもうすぐ終わるよ」と言っているので，2人は山歩き (hiking) をしていると考えられます。trail「(山中などの) 小道」, keep on *doing*「〜し続ける」

2．What で始まる質問

(5) E

　… seeing you again「また会えることを」，Have a good flight「よい飛行機の旅を」などの言葉から，別れのあいさつをしていると考えられます。(E) の say good-bye が「さよならを言う」です。look forward to *do*ing「〜するのを楽しみに待つ，期待する」，likewise は「こちらこそ」と相手に同意を示す言い方。

【訳】
(1) 男性は何をしていますか。
　女性：サイエンティフィック・ブックス社です，どんなご用件でしょうか。
　男性：友人に本を送っていただきたいのですが。
　女性：かしこまりました。お名前と電話番号をおうかがいできますか。
(2) 男性は何をしていますか。
　男性：10月5日の夜，シングル・ルームをお願いしたいのですが。
　女性：喫煙と禁煙のどちらの部屋がよろしいですか。
　男性：禁煙の部屋をお願いします。
(3) 女性は何をしていますか。
　女性：これは好きなんだけど，つま先が少しきついわ。
　男性：そうですか，では，これはいかがですか。
　女性：だめ。その色は好きじゃないの。
(4) 彼らは何をしていますか。
　女性：すごく疲れたわ。
　男性：がんばって歩き続けようよ。山道はもうほとんど終わりだよ。
　女性：分かったわ，でも足がとても痛いのよ。
(5) 男性と女性は何をしていますか。
　男性：シアトルでまたお会いできるのを楽しみにしています。
　女性：こちらこそ。一緒にお仕事できて，楽しかったです。
　男性：よい空の旅を，お気をつけて。

答：
(A) 靴の試し履きをする。
(B) 電話で注文する。
(C) ホテルの予約をする。
(D) ハイキング。
(E) お別れをする。

PART 3

練習3

(1)～(5)の会話の内容について、Questionに対するAnswerとして適切なものを、次ページの(A)～(E)から選び[ ]に入れなさい。

(1)

Q: What are they talking about? [ ]

M: How do I get an outside line?
W: Just pick up the receiver and dial nine.
M: Thanks. I need to call a customer.

(2)

Q: What are they talking about? [ ]

M: We're planning on going to a ball game on Sunday. Would you like to join us?
W: That sounds like fun, but unfortunately I already have plans.
M: Oh, that's too bad.

(3)

Q: What are they talking about? [ ]

W: I heard you are familiar with this machine.
M: Yeah. Leave it to me. I know how to fix it.
W: I'm glad someone in the office knows what he is doing!

(4)

Q：What are they discussing? [　]

> W：Can you please tell me where White Street is?
> M：It's a five-minute walk through Green Park.
> W：Thank you, but is it safe to walk through the park at night?

(5)

Q：What are the man and woman discussing? [　]

> M：What do you think is the cause behind the recent slump in sales?
> W：Well, for one thing, several competitors have sprung up.
> M：Yes, but they are all small companies. What else might be the cause?

■A：
(A) A sports event.
(B) Repairing something.
(C) An office telephone.
(D) How to get somewhere.
(E) The reason for decreased sales.

PART 3

解答と解説

(1) **C**

outside line「外線」, receiver「受話器」, dial nine「ダイヤル9」などから, 電話に関する会話と考えられます。さらに, 男性が最後に call a customer「得意先に電話をかける」と言っていることから, (C)会社の電話 (an office telephone) についての会話と分かります。

(2) **A**

男性が go(ing) to a ball game「野球の試合に行く」と言っていることから, ball game「野球」に関する会話と分かります。(A)A sports event. が ball game を一般的な表現に言い換えています。join us「一緒に行く」

(3) **B**

男性の言葉, Leave it to me.「僕に任せて」, fix it「それを修理する」から, 何かの修理についての会話と考えられます。(B) の repair が fix の同義語。someone (who) knows what he is doing は「その道に明るい人」くらいの意味。

(4) **D**

会話の ... where White Street is?「ホワイト通りはどこですか」, a five-minute walk「歩いて5分」などから道をたずねている会話と分かります。(D) の how to get (to) が「～への行き方」。会話の最初の文は Can you please tell me how to get to White Street? とも言えます。

(5) **E**

the cause behind the (recent) slump in sales がトピックです。これが (E) では the reason for decreased sales とそれぞれ同義語を使って言い換えられています。competitor「競争相手, 競合企業」, spring up「現れる」

2．What で始まる質問

【訳】
(1) 彼らは何について話していますか。
　男性：外線にかけるにはどうすればいいの？
　女性：受話器をとって9をダイヤルするだけよ。
　男性：ありがとう。得意先に電話しなくちゃいけないんだ。
(2) 彼らは何について話していますか。
　男性：僕たち，日曜日に野球の試合を見に行こうと思っているんだ。一緒にどう？
　女性：楽しそうね。でも残念ながら，もういろいろと予定があるの。
　男性：そう，残念だね。
(3) 彼らは何について話していますか。
　女性：あなたがこの機械のことよく知っているって聞いたわ。
　男性：ああ。僕に任せて。その直し方を知っているから。
　女性：会社にその道に明るい人がいてよかったわ！
(4) 彼らは何を話し合っていますか。
　女性：ホワイト通りはどこか教えてくれますか。
　男性：グリーン公園を通り抜けて歩いて5分ですよ。
　女性：ありがとう，でも，夜公園を歩いて通って大丈夫かしら？
(5) 男性と女性は何を話し合っていますか。
　男性：最近の売り上げ不振の理由は何だと思いますか？
　女性：そうですね，1つには競争相手がいくつか出てきたことです。
　男性：ええ，でもそれらはすべて中小企業です。ほかにどんな原因があるだろう？

答：
(A) スポーツの催し。
(B) 何かの修理。
(C) 会社の電話。
(D) どこかへの行き方。
(E) 売り上げ不振の原因。

PART 3

練習 4

(1)～(5) の会話の内容について，Question に対する Answer として適切なものを，次ページの (A)～(E) から選び [ ] に入れなさい。

(1)

Q : What is the woman asking the man?　　　　[　]

W : I'm really bored.　Why don't we go see a movie?
M : Sounds good to me.　I'll get my coat.
W : OK.　I'll drive.

(2)

Q : What is the woman asking about?　　　　[　]

W : I'd like to know if you've sent out my order yet.
M : Certainly.　When did you place your order?
W : Last Monday at 9 a.m.　The confirmation number is ABC-0011.

(3)

Q : What is the woman asking about?　　　　[　]

M : How much is it to send this by surface mail?
W : Sixteen-fifty.　Would you like to insure it?
M : How much would that cost?

2. What で始まる質問

(4)

Q : What is the man asking the woman?　　　　[　]

W : I can't wait for my vacation next week!
M : Would you consider taking your vacation a few days later?
W : But I already bought my airplane tickets.

(5)

Q : What are they looking at?　　　　[　]

M : As you can see, this house has a large amount of living space.
W : How many bedrooms are there all together?
M : According to this floor plan there are four.

■ A :
(A) The status of her order.
(B) An architectural design.
(C) Shipping insurance.
(D) To go to a movie with her.
(E) To postpone her vacation.

PART 3

解答と解説

(1) **D**

Why don't we ...? は「…しませんか，…しようよ」と提案する表現です。女性は go see a movie「映画を見に行く」のはどうかと男性にたずねています。go see は go to see のことで, to は話し言葉では省略されます。(D) では go to a movie と言っています。

(2) **A**

女性は, I'd like to know if ....「…かどうか知りたいのですが」と丁寧にたずねています。たずねる内容は「もう注文を発送した (have sent out my order yet)」かどうか。言い換えれば，(A) the status of her order「彼女の注文の現状」です。confirmation number は「受付番号，確認番号」のこと。place an/one's order「注文する」

(3) **C**

質問は「女性が何をたずねているか」です。最初に男性が How much to send ... ?「送るのはいくらですか」とたずねたのに対して，女性は Would you like to insure it?「それに保険をかけますか」と男性にたずねています。(C) shipping insurance「輸送保険」が，それを名詞形で言い換えています。ship は動詞では「輸送する」の意味を持ちます。

(4) **E**

会話での take your vacation a few days later「休暇を取るのを 2, 3 日遅らせる」という表現を, (E) では postpone her vacation「彼女の休暇を延期する」と言い換えています。

(5) **B**

質問は，「何を見ながらの会話か」ということです。this house has ... や How many bedrooms ... ? から家についての会話であること，さらに According to this floor plan「この間取り図によれば」と言っているので，図面を見ているのだと分かります。floor plan「間取り図，平面図」を (B) では an architectural design「建築設計図」と同意表現で言い換えています。

2. What で始まる質問

【訳】
(1) 女性は男性に何をたずねていますか。
　女性：すごく退屈だわ。映画を見に行かない？
　男性：いいね。コートを取ってくるよ。
　女性：ええ。私が運転するわね。
(2) 女性は何についてたずねていますか。
　女性：私の注文品をもう送っていただけたのかどうか知りたいんですが。
　男性：かしこまりました。ご注文はいつでしたでしょうか。
　女性：この前の月曜日の午前9時です。確認番号はABC－0011です。
(3) 女性は何についてたずねていますか。
　男性：これを船便で送るといくらですか。
　女性：16ドル50セントです。保険はかけますか。
　男性：それにはいくらかかりますか。
(4) 男性は女性に何を頼んでいますか。
　女性：来週の休暇が待ちきれないわ！
　男性：休暇を取るのを数日遅らせてもらえないだろうか。
　女性：でも，もう航空券を買っているんです。
(5) 彼らは何を見ていますか。
　男性：ご覧のように，この家にはたくさんの居住空間がございます。
　女性：寝室は全部でいくつあるのかしら？
　男性：この間取り図によれば4部屋です。

答：
(A) 彼女の注文品の状況。
(B) 建築設計図。
(C) 輸送保険。
(D) 彼女と映画に行くこと。
(E) 彼女の休暇を延期すること。

PART 3

練習 5

(1)～(5) の会話の内容について、Question に対する Anwser として適切なものを、次ページの (A)～(E) から選び [ ] に入れなさい。

(1)

Q：What is the man going to do? [ ]

M：Isn't that the new managing director?
W：The man with the gray hair? Yes. I'll introduce you to him.
M：Thank you. I would like to give him my business card.

(2)

Q：What is the woman going to do? [ ]

M：I have reviewed your resume and would like to discuss your qualifications in person.
W：Thank you. What time is convenient for you?
M：How about Friday at 11 a.m.?

(3)

Q：What does the man have to do? [ ]

W：Have you handed in the sales report yet?
M：Not yet, but I will make it today.
W：OK, but we need it by 4:00 p.m. at the latest.

2. Whatで始まる質問

(4)

Q : What advice did the man give the woman? [　]

W : I've been feeling so tired and run-down this week.
M : Maybe you should get a checkup.
W : Oh, I don't think it's that serious.

(5)

Q : What has happened? [　]

W : Excuse me, but I think there's been a mistake. This isn't the book I wanted.
M : Oh, I'm very sorry. Can you tell me what your original order was?
W : I requested the second book in this series, not the first.

■A:
(A) Have an interview for a job.
(B) Have a medical examination.
(C) Meet the new director.
(D) The wrong item was delivered.
(E) Submit a report.

PART 3

解答と解説

話の内容から推定できることについての質問です。

(1) **C**

質問は「男性はこれから何をするか」です。女性が I'll introduce you to him.「あなたを彼に紹介しましょう」と言っていることから，男性はこれから彼（= new managing director）と会う（meet）ことになる，と分かります。managing director「社長」

(2) **A**

女性は何をするかが問われています。男性が reviewed your resume「履歴書を見ました」, would like to discuss your qualifications in person「（仕事への）適性について直接お会いして話したい」と言っていることを頭に置いて続きを聞けば，(A) Have an interview for a job.「就職の面接を受ける」と分かります。

(3) **E**

男性のすべきこと（have to do）を聞いています。女性が Have you handed in the sales report yet?「もう販売報告書を提出した？」と聞いています。hand in は「（書類などを）提出する」。男性は I will make it today.「今日やるつもり」と言っていますから，男性のすべきことは hand in の同義語 submit を使っている (E) です。at the latest「遅くとも」

(4) **B**

男性のアドバイスは何かという質問です。you should ...「…すべき」に続く語句がポイントです。a checkup は「健康診断」。(B) の a medical examination と同意です。run-down「疲れきった，健康を害した」

(5) **D**

「何が起きたのか」という質問なので答えは過去形がふつうです。This isn't the book I wanted.「私が欲しかった本ではない」と女性が言っていることから，品違い（wrong item）が届いた（was delivered）と分かります。item は「品目，商品」。

2．Whatで始まる質問

【訳】
(1) 男性は何をするつもりですか。
　男性：あの人は新しい社長ではありませんか。
　女性：白髪の人のこと？ そうよ。あなたを彼に紹介するわ。
　男性：ありがとう。名刺をお渡ししたいんです。
(2) 女性は何をするでしょうか。
　男性：履歴書を拝見しました。そこで，面接して，くわしくお話ししたいと思います。
　女性：ありがとうございます。何時がご都合よろしいでしょうか。
　男性：金曜日の午前11時はいかがですか。
(3) 男性は何をしなくてはなりませんか。
　女性：もう売上報告書を出した？
　男性：まだなんだ，でも今日は何とかするよ。
　女性：分かったわ。でも遅くとも午後4時までには必要なの。
(4) 男性は女性にどんな助言をしましたか。
　女性：今週はずっととても疲れていて，調子が悪いの。
　男性：検査を受けたほうがいいかも。
　女性：そんなに深刻ではないと思うわ。
(5) 何が起こりましたか。
　女性：すみませんが，間違いがあると思うんです。これは私が欲しかった本ではありません。
　男性：それは大変申し訳ありません。お客様の元のご注文は何か教えてもらえますか。
　女性：このシリーズの第2巻をお願いしたのでして，1巻ではないんです。

答：
(A) 就職の面接を受ける。
(B) 健康診断を受ける。
(C) 新しい社長に会う。
(D) 間違った品物が届いた。
(E) 報告書を提出する。

3. Why で始まる質問

練習 6

(1)～(5) の会話の内容について，Question に対する Answer として適切なものを，次ページの (A)～(E) から選び [ ] に入れなさい。

(1)

Q：Why is the man calling?　　　　　　　　　　　　　[　]

M：I'd like to know if you received the fax order I sent last week.
W：Yes. According to our records, we got your order on Tuesday.
M：Then I wonder why I haven't received it yet.

(2)

Q：Why is Henry tired?　　　　　　　　　　　　　　[　]

M：All I want is a shower, a shave, and some sleep.
W：Henry, these coast-to-coast flights are wearing you down.
M：I know, but it's part of the job.

(3)

Q：Why is the man concerned?　　　　　　　　　　　[　]

M：How late can I submit my report?
W：It is supposed to be printed on Tuesday, so I need it by Monday morning.
M：Oh no. That is too soon. Could I please have a little more time?

3. Why で始まる質問

(4)

Q: Why is the woman glad? [ ]

M: Your background and work experience are just what we're looking for.
W: I'm so glad to hear that. I'm looking forward to working for your company.
M: We're glad to have you, and think you will find the position exciting.

(5)

Q: Why was Bill late for the party? [ ]

W: Bill, did you forget what time the party began?
M: Sorry to be so late. I got tied up in traffic because of an accident.
W: Well, let me get you a drink and then I'd like you to meet our guests.

■ A:
(A) He just finished a long business trip.
(B) The item he ordered has not arrived yet.
(C) She has been offered a good job.
(D) A deadline is approaching.
(E) There was a traffic jam.

PART 3

解答と解説

Why ...?「なぜ…か」の質問には,必ず,その答えとなるキーセンテンスがありますが,because のような,明確に理由を示す語句で示されることはまずありません。but や however, and などの後にはキーセンテンスがくることが多いので注意します。

(1) **B**

「男性はなぜ電話しているのか」という質問です。I'd like to know if you received the fax order「ファックスでの注文を受け取っているかどうか知りたい」や ... I wonder why I haven't received it yet「なぜまだ届いていないのだろう」から (B) The item he ordered has not arrived yet.「注文品が届いていない」ためと分かります。

(2) **A**

男性 (Henry) の言葉に対して,女性が coast-to-coast flights are wearing you down「全国を飛び回っているので疲れているのよ」と言っているので,男性は出張から戻ったばかりと推測できます。coast-to-coast「全国的な」を (A) a long business trip と言い換えています。

(3) **D**

質問は「なぜ男性は心配している (is concerned) のか」です。男性の質問に対して女性が ... I need it by Monday morning「月曜の朝までにほしい」と言っています。このことから,(D) A deadline is approaching.「締め切りが迫っている」ためと分かります。*be* supposed to *do*「~することになっている」

(4) **C**

質問は「なぜ女性は喜んでいる (is glad) のか」です。女性が I'm so glad to hear that. と言っていますから that の内容 (第1文) がポイントです。また,その後に続く I'm looking forward to working「働くのを楽しみにしている」から女性が (C) has been offered a good job「よい職を得た」ことが分かります。background「経歴」

(5) **E**

「なぜビルはパーティーに遅れた (was late for) か」という質問。

3. Why で始まる質問

男性 (Bill) は，Sorry to be so late. に続けて，got tied up in traffic 「交通渋滞に巻き込まれた」と言っています。これを (E) では There was a traffic jam.「交通渋滞があった」と言い換えています。

【訳】
(1) なぜ男性は電話をしているのですか。
　男性：私が先週送った注文のファックスを受けてもらえたかどうか知りたいのですが。
　女性：はい。私どもの記録では，火曜日にお客様のご注文を承っております。
　男性：じゃあ，どうしてまだ私の元に届いていないのでしょう。
(2) なぜヘンリーは疲れているのですか。
　男性：ただもうシャワーを浴びて，ひげをそって，眠りたいよ。
　女性：ヘンリー，こうして全国を飛び回っているから疲れているのよ。
　男性：ああ，でもそれも仕事のうちなんだ。
(3) なぜ男性は心配しているのですか。
　男性：僕の報告書，どれくらいまでに提出すればいいだろう？
　女性：火曜日には印刷することになっているから，月曜日の朝までにはほしいわね。
　男性：えっ，そんな。早すぎるよ。もうちょっと時間をもらえないだろうか。
(4) なぜ女性は喜んでいるのですか。
　男性：あなたの経歴と実務経験はまさに私どもの求めていたものです。
　女性：それを聞いて嬉しいです。こちらの会社で働くことを楽しみにしております。
　男性：私どもはあなたを迎えるのを嬉しく思いますし，あなたもここでの仕事がとても面白いことがお分かりになると思いますよ。
(5) なぜビルはパーティーに遅れたのですか。
　女性：ビル，パーティーが何時に始まるか忘れたの？
　男性：だいぶ遅れてごめん。事故による交通渋滞に巻き込まれたんだよ。
　女性：そうだったの。飲み物を持ってきてあげるから，そうしたらお客様に会ってね。
答：
(A) 彼は長距離の出張が終わったところ。
(B) 彼の注文した品物がまだ届いていない。
(C) 彼女はよい仕事を得た。
(D) 締め切りが近づいている。
(E) 交通渋滞があった。

PART 3

練習 7

(1)～(5) の会話の内容について，Question に対する Answer として適切なものを，次ページの (A)～(E) から選び [ ] に入れなさい。

(1)

Q: Why does the man let the woman go first? [ ]

M: Are you going to use the copier?
W: Yes, I need to distribute copies of this report at the next meeting. May I use it first?
M: Please, go ahead. I'm not in such a hurry.

(2)

Q: Why does the woman NOT drive to work? [ ]

M: Do you drive to work?
W: Actually, I ride my bike to work for exercise.
M: That's great! No wonder you're so slim.

(3)

Q: Why did the man buy a new computer? [ ]

W: What happened to your computer?
M: Well, it got to the point of being too old to keep.
W: So, you bought a new one?

3. Why で始まる質問

(4)

Q: Why did the woman miss the conference?　　　[　]

> M: Why weren't you at the conference?
> W: I thought it was canceled.
> M: No. It's the phone conference next week that was canceled.

(5)

Q: Why can't the woman meet tomorrow morning?

[　]

> M: Let's discuss this tomorrow. How about nine?
> W: I'm sorry. I have to meet one of my clients at that time.
> M: Okay. How about Wednesday morning, same time?

■ A:
(A) She wants to exercise.
(B) His old one is out of date.
(C) She misunderstood the information.
(D) She has an appointment.
(E) Her work is more urgent.

PART 3 会話問題

139

PART 3

解答と解説

(1) **E**

「なぜ女性に先を譲るのか」が質問です。女性が I need to distribute copies .... 「(次の会議で, この報告書の) コピーを配布しなければならない」と言っているのに対して, 男性は I'm not in such a hurry.「私はそんなに急ぎではない」と先を譲っています。つまり女性の仕事が (E) is more urgent「より急を要する」ということです。

(2) **A**

「なぜ女性は車で通勤しないのか」が質問です。ride my bike to work for exercise「運動のために, 自転車で通勤している」という女性の言葉で答えが分かります。(A) は動詞の exercise を使っています。No wonder (that) ....「…は少しも不思議ではない」

(3) **B**

「男性はなぜ新しいコンピューターを買ったのか」が質問です。What happened to ~?「コンピューター, どうしちゃったの」と聞かれて男性は, got to the point of being too old to keep「古すぎて維持できないくらいになってしまった」と理由を言っています。これを (B) では is out of date「旧式である」と言い換えています。

(4) **C**

「女性は, なぜ会議に出席し損なったか」が質問です。miss は「(機会を) 逸する, (会合など) に出られない」の意味。thought it was canceled「中止になったと思った」が理由です。しかし, 中止になったのは phone conference「電話会議」だった。つまり理由は(C) misunderstood the information「情報を誤解した」ことです。

(5) **D**

「女性は, なぜ明朝会えないのか」が質問。男性の問いかけに, 女性は I'm sorry. I have to meet ....「申し訳ない, …に会わなければならない」と言っています。つまり (D) She has an appointment.「彼女には約束がある」と同意です。

3. Why で始まる質問

【訳】

(1) なぜ男性は女性に先を譲っているのですか。
　男性：コピー機を使う？
　女性：ええ，次の会議でこの報告書のコピーを配布しなくてはならないの。先に使ってもいいかしら？
　男性：どうぞ，お先に。僕のほうはそんなに急ぎではないから。

(2) なぜ女性は自動車通勤しないのですか。
　男性：君は自動車通勤？
　女性：実は，運動のために自転車で通勤しているの。
　男性：それはすごいね。君がとてもスリムなのは当然だね。

(3) なぜ男性は新しいコンピューターを購入したのですか。
　女性：あなたのコンピューター，どうしちゃったの？
　男性：うん，もう古くなりすぎて維持できなくなったんだ。
　女性：それで新しいのを買ったのね？

(4) なぜ女性は会議に出席し損なったのですか。
　男性：なぜ会議にいなかったの？
　女性：中止になったと思ったのよ。
　男性：違うよ。キャンセルされたのは来週の電話会議だよ。

(5) なぜ女性は明日の朝会うことができないのですか。
　男性：これは明日話し合おう。9時ではどう？
　女性：ごめんなさい。その時間クライアントに会わなければならないの。
　男性：分かった。水曜日の朝，同じ時間ではどう？

答：
(A) 彼女は運動をしたいから。
(B) 彼の前のものは旧式になった。
(C) 彼女は情報を誤解していた。
(D) 彼女には約束がある。
(E) 彼女の仕事のほうが急いでいる。

4. How で始まる質問

練習 8

(1) ～ (5) の会話の内容について，Question に対する Answer として適切なものを，次ページの (A) ～ (E) から選び [ ] に入れなさい。

(1)

Q：How does the woman get to work?　　　　　[　]

> M：I heard you just moved into a new apartment closer to work.
> W：That's right. It's really convenient. Not only can I walk to work, but I can stay in bed an hour longer.
> M：It must be nice to sleep so late everyday!

(2)

Q：How does the man usually purchase airplane tickets?
[　]

> M：Shall I book an airline ticket for you?
> W：Yes, but try to get the best rate. Flights are becoming so expensive.
> M：I can buy them online, and it is also more convenient.

4. How で始まる質問

(3)

Q：How many packages is the woman sending?　[　]

W：Excuse me? May I send a package from here?
M：Yes. The charge is $4.00 per pound and an extra $1.00 for a signed delivery.
W：OK. I have three packages, one of which will be signed.

(4)

Q：How many books is the woman buying?　[　]

M：Three books.... That comes to $34.55, with tax.
W：That much? I'll put this book back, then.
M：OK. That'll be $22.15.

(5)

Q：How much will the man pay for his breakfast?　[　]

M：Does this hotel have a restaurant?
W：Yes. It opens at 7:30. But if you like, you may have a <u>complimentary</u> breakfast in the lounge between 6：00 and 8:00.
M：That sounds perfect.

■A：
(A) On foot.
(B) Via the Internet.
(C) Two.
(D) Nothing.
(E) Three.

PART 3

解答と解説

Part II で述べたように, How で始まる疑問文には, How many ...? のような,「数量」や「程度」を問うものと, How do you ...? のような「方法」や「様子」を問うものがあります。

(1) **A**

通勤方法を聞いています。I heard you just moved into ....「引っ越ししたんだってね」と言われた女性が, Not only can I walk to work ....「歩いて通勤できるだけでなく…」と言っているところから答えが分かります。会話中の walk を, (A) では on foot「徒歩で」と言い換えています。not only A but (also) B「A だけでなく B も」。Not only の後は主語と動詞が倒置されます。

(2) **B**

航空券の購入の方法を聞いています。purchase ＝ buy。book はここでは「予約する (＝ reserve)」の意。get the best rate という女性の言葉に答えて, 男性が buy them online「オンラインで買う」と答えています。online「オンラインで, インターネットで」は, (B) Via the Internet. と同意です。get the best rate／price「最良の料金 [値段] を得る」→「一番安く手に入れる」, via [váiə]「〜経由で」。

(3) **E**

女性が送る小包の数を聞いています。I have three packages と言っています。one of which は「そのうちの 1 つ」です。もう 1 つと勘違いしないように。charge「送料」, signed delivery「署名配達」

(4) **C**

女性が買おうとしている本の冊数を聞いています。最初に男性 (店員) が Three books と言っていますが, 女性は合計額が高かったので put this book back「この本は返します」と言っています。3 − 1 ＝ 2 で 2 冊が正解。

(5) **D**

質問は男性がとろうとしている朝食の料金です。具体的な値段は会話に出てきませんが, 女性がラウンジでは, complimentary breakfast「無料サービスの朝食がとれる」と言っているのに対して, That

4. How で始まる質問

sounds perfect と答えています。したがって，男性はラウンジで朝食をとると考えられます。complimentary は「無料の（= free）」。

【訳】
(1) どうやって女性は職場に行きますか。
　男性：前より職場に近い新築のアパートに引っ越したんだって。
　女性：ええ。本当に便利よ。歩いて通勤できるだけじゃなく，1時間長く寝ていられるんだから。
　男性：毎日そんなに遅くまで寝ていられるなんてきっといいだろうね！
(2) どうやって男性はいつも航空券を購入するのですか。
　男性：君の航空券を予約しようか。
　女性：ええ，でも一番安い料金で買ってね。空の旅はとても高くなっているんですもの。
　男性：ネット上で買えるし，より便利でもあるんだ。
(3) 女性は小包をいくつ送ろうとしていますか。
　女性：すみません。ここで小包を送れますか。
　男性：はい。料金は1ポンドにつき4ドルで，署名配達の追加料金は1ドルです。
　女性：分かりました。荷物は3つですが，そのうちの1つは署名でお願いします。
(4) 女性は本を何冊買っていますか。
　男性：3冊で…税込み34ドル55セントです。
　女性：そんなに？ それじゃあ，この本は返します。
　男性：承知しました。では22ドル15セントになります。
(5) 男性は朝食にいくら支払うでしょうか。
　男性：このホテルにはレストランはありますか。
　女性：はい。7時半に開きます。ですがもしよろしければ，6時から8時までラウンジで無料の朝食がおとりになれます。
　男性：それは素晴らしい。

答：
(A) 徒歩で。　　(B) インターネットを通じて。
(C) 2冊。　　　(D) 全く払わない。
(E) 3個。

5. When で始まる質問

練習 9

(1)〜(5) の会話の内容について，Question に対する Answer として適切なものを，次ページの (A)〜(E) から選び [ ] に入れなさい。

(1)

Q：When is the man leaving?　　　　　　　　　[　]

W：It's now three. Isn't it the time for you to be leaving?
M：Yes, but I've got something to do. I think I'll delay my departure one hour.
W：OK, but you may hit rush-hour traffic.

(2)

Q：When will the woman's order arrive?　　　　　[　]

W：How long will it take for me to receive my order?
M：It usually takes seven to ten business days, but we have a three-day express delivery for an extra five dollars.
W：OK. I'll go with the express delivery.

(3)

Q：When does this conversation take place?　　　[　]

M：Good morning. How was your weekend?
W：It was great. I went fishing on Saturday and watched football yesterday.
M：Sounds like fun. I was sick so I slept all weekend.

5. When で始まる質問

(4)

Q：When did Jessica get married? [ ]

M：You mean they got married over the weekend?
W：Yes, just think. If they had put it off until next week, Jessica would have been a June bride.
M：I guess they just couldn't wait.

(5)

Q：When does the man want the woman to leave? [ ]

M：Oh, you are still here. I thought you had already left.
W：No. I had to get some other work done first.
M：Well, we need to get started on the project right away, so let's go.

■A：
(A) In one hour.
(B) In three days.
(C) Immediately.
(D) In the last week of May.
(E) On Monday morning.

PART 3

解答と解説

(1) **A**

質問は「男性はいつ出発するのか」です。女性が「もう出発する時間じゃないの？」と言ったのに対し、男性は delay my departure one hour「1 時間、出発を遅らせる」と言っています。したがって、(A) In one hour.「1 時間後」が正解。It is the time for ＋人＋ to *do*「人が～する時間だ」

(2) **B**

「女性の注文はいつ届くか」を聞いています。How long will it take … ?「…にどれくらいかかるか」という問いに対して、男性は seven to ten business days「営業日で 7 〜 10 日」と three-day express delivery「3 日で届く速達便」と 2 種類を言います。女性は the express delivery「速達便」にすると答えています。three-day express ですから (B) In three days「3 日後に」着くと考えられます。business day「営業日」、go with「〜（のほう）を選ぶ」

(3) **E**

「この会話が交わされるとしたらいつか」という質問です。How was your weekend ?「週末はどうだった？」という質問に対して、女性が … on Saturday and … yesterday「土曜日は…、きのうは…」と言っているので、今日、すなわち会話しているときは (E) On Monday morning.「月曜日の朝」と考えられます。

(4) **D**

「ジェシカ（Jessica）はいつ結婚したのか」が質問です。男性が over the weekend「週末の間に」と言っているのに続けて、女性が、If they had put it off until next week ….「もし翌週に延ばせば」（仮定法）、ジェシカは a June bride「6 月の花嫁」になったのに、と言っています。つまり、結婚したのは (D) In the last week of May「5 月の最後の週」です。put off「延ばす、延期する（＝ postpone）」

(5) **C**

男性は、女性にいつ出発してもらいたいか。男性は女性が had already left「もう出かけた」と思っていたら、まだいたので、we need to get started … right away, so let's go.「ただちに始めなければなら

5.Whenで始まる質問

ない。さあ行こう」と言っています。right away の同義語が (C) immediately です。get started on 「～を始める」

【訳】
(1) いつ男性は出発しますか。
   女性：もう3時よ。出発する時間なんじゃない？
   男性：うん，でもやることができたんだ。出発を1時間遅らせようと思う。
   女性：そう。でもラッシュアワーの交通渋滞につかまるかもしれないわよ。
(2) いつ女性の注文した品は届くでしょうか。
   女性：注文したものを受け取るのにどれくらいかかりますか。
   男性：通常，営業日の7日から10日ですが，もう5ドルいただけば3日で届く速達便があります。
   女性：分かりました。速達便にします。
(3) この会話はいつ行われるものでしょうか。
   男性：おはよう。週末はどうだった？
   女性：すごくよかったわ。土曜日は釣りに行って，昨日はフットボールを見たの。
   男性：楽しかったようだね。僕は具合が悪くて，週末はずっと寝ていたよ。
(4) ジェシカはいつ結婚しましたか。
   男性：彼らは週末中に結婚したということ？
   女性：そうなの，考えてみてよ。来週まで延ばしたら，ジェシカはジューン・ブライドになったのにね。
   男性：待ちきれなかったんだと思うよ。
(5) 男性はいつ女性に出発してもらいたいと思っていますか。
   男性：あっ，まだここにいるの。もう出かけたと思ってたよ。
   女性：いいえ。ほかの仕事を先にやってしまわなければならなかったんです。
   男性：すぐにプロジェクトを始めなくちゃならないんだ。さあ，行こう。

答：
(A) 1時間後。
(B) 3日後。
(C) すぐに。
(D) 5月の最後の週に。
(E) 月曜日の朝。

6. Who で始まる質問

練習10

(1)～(5)の会話の内容について，Question に対する Answer として適切なものを，次ページの (A)～(E) から選び [ ] に入れなさい。

(1)

Q: Who is Mike Kelly? [   ]

W: Do you know Mike Kelly of Sun Company?
M: Yeah, I met him when I was in college. Why do you ask?
W: He was headhunted as president of our company.

(2)

Q: Who is getting married? [   ]

M: Emily must be very happy today.
W: Why is that?
M: It's her daughter Monica's wedding day.

(3)

Q: Who is the woman talking to? [   ]

W: I'd like to reserve a table for 7:30.
M: Certainly, ma'am. How many in your party?
W: Four, please. My name is Olsen.

6. Who で始まる質問

(4)

Q: Who is the woman talking to?　　　　　　[　]

> M: Good evening. May I help you?
> W: Yes, I have a 7:15 flight tomorrow morning, so I'll need a wake-up call.
> M: What time would you like us to ring you, ma'am?

(5)

Q: Who does the woman want to talk to?　　　[　]

> W: Hello, may I speak with Mrs. Johnson, please?
> M: I'm sorry, but she is out for lunch. May I take a message?
> W: Yes. Would you tell her that Amy Smith from A.B.C Law Office called?

■A:
(A) Mrs. Johnson.
(B) Monica.
(C) The new president.
(D) A restaurant employee.
(E) A man at the front desk.

PART 3

解答と解説

Who is/are ...? の形では，会話をしている人（話してしている人，あるいは，話しかけられている人）が誰かを問う場合と，会話の中で話題になっている人が誰かを問う場合とがあります。進行形（Who is/are doing?）の場合もありますので注意が必要です。

(1) **C**

会話の中で話題になっている「Mike Kelly とは誰か」と聞いています。女性が He was headhunted as president of our company.「彼は，わが社の社長としてヘッドハントされた」と言っています。

(2) **B**

会話に出てくる名前は Emily と Monica。get married「結婚する」のはどちらかということです。Emily must be very happy today. を聞いて早とちりしないように。男性が Monica's wedding day「モニカの結婚式の日」と言っています。

(3) **D**

質問は「女性が話している相手は誰か」です。reserve a table「テーブルを予約する」，How many in your party?「何名ですか」のやりとりから，相手は (D) A restaurant employee.「レストランの従業員」と考えられます。

(4) **E**

これも質問は「女性が話している相手は誰か」です。I'll need a wake-up call「モーニングコールをお願いしたい」という表現から，(E) A man at the front desk.「ホテルのフロント係」との会話と考えられます。

(5) **A**

話している相手ではなくて，「話したい相手は誰か」と聞いています。会話の最初の may I speak with Mrs. Johnson ... ?「ジョンソンさんと話したいのですが」からすぐ分かります。May I speak with/to ~?は，電話で「~と話したい，~はいらっしゃいますか」というときの決まり文句。

6. Who で始まる質問

【訳】

(1) マイク・ケリーは誰ですか。
　女性：サン・カンパニーのマイク・ケリーを知っている？
　男性：ああ，学生のとき会ったことがあるよ。どうして聞くの？
　女性：彼がわが社の社長としてヘッドハントされたのよ。
(2) 誰が結婚するのですか。
　男性：エミリーは今日すごく幸せに違いないよ。
　女性：それはなぜ？
　男性：彼女の娘のモニカの結婚式の日なんだよ。
(3) 女性が話しているのは誰ですか。
　女性：7時半にテーブルを予約したいのですが。
　男性：かしこまりました。何名様でしょうか。
　女性：4人でお願いします。私の名はオルセンです。
(4) 女性が話しているのは誰ですか。
　男性：こんばんは。ご用件を承りますが。
　女性：ええ，明朝，7時15分の飛行機に乗るので，モーニングコールをお願いします。
　男性：何時におかけしたらよろしいでしょうか？
(5) 女性が話したがっているのは誰ですか。
　女性：もしもし，ジョンソンさんはいらっしゃいますか。
　男性：申し訳ありません，彼女は昼食で出かけております。伝言を承りましょうか。
　女性：お願いします。A.B.C法律事務所のエイミー・スミスが電話してきたと伝えていただけますか。

答：
(A) ジョンソンさん。
(B) モニカ。
(C) 新しい社長。
(D) レストランの従業員。
(E) ホテルのフロント係。

7. Which で始まる質問

練習11

(1)～(2)の会話の内容について，Question に対する Answer として適切なものを，下の (A), (B) から選び [ ] に入れなさい。

(1)

Q : On which day does the store close late? [　]

M : What are your store hours?
W : We're open from ten until seven, Monday through Friday, and from ten until nine on Saturday. We're closed on Sundays.
M : Great! I'm so happy you're open late on weekends.

(2)

Q : Which place will the man probably go to? [　]

M : Do you want anything while I'm out?
W : We're out of coffee filters.
M : OK. I'll pick some up.

■ A:
(A) A store.
(B) Saturday.

7. Which で始まる質問

解答と解説

(1) **B**

On which day ...? は When ...? ということ。店が遅くまで開店している曜日はいつか。女性の言葉を注意して聞きます。「月曜日～金曜日は 10 時～ 7 時，土曜日は 10 時～ 9 時，日曜日は休み」と言っています。

(2) **A**

Which place ...? は Where ...? ということ。男性が行きそうな (is likely to go) のはどこか。女性が out of coffee filters「コーヒーのフィルターを切らしている」と言ったので，男性は I'll pick some up.「ついでに買ってくるよ」と答えていることから，店に行くだろうと考えられます。pick up「(途中で) 買う」

【訳】

(1) 店が遅く閉まるのは何曜日ですか。
男性：この店の営業時間は？
女性：月曜日から金曜日は 10 時から 7 時まで，土曜日は 10 時から 9 時まで開いています。日曜日は休みです。
男性：いいね！ 週末遅くまで開いているのはすごく嬉しいね。

(2) 男性が行きそうなのはどんな場所ですか。
男性：出かけるけど，何かほしいものは？
女性：コーヒーフィルターが切れているの。
男性：分かった。ついでに買ってくるよ。

答：
(A) 店。
(B) 土曜日。

言い換え表現のまとめ

①同意の単語・熟語で言い換える

動詞（句）

begin → start / commence「始める」

buy → purchase「買う」

change → alter「変える」

downsize → lay off「（人員などを）削減する，解雇する」

fix → repair「修理する，修繕する」

need to do → have to do「～しなくてはならない」

pack → carry「持ち歩く，携行する」

　pack an umbrella → carry an umbrella「かさを持っていく」

refund → get one's money back「返金する」

collide → run into each other「衝突する，ぶつかる」

send → ship / mail「（商品を）発送する」

submit → hand in「提出する」

　submit the report
　　→ hand in the report「レポートを提出する」

turn (the radio) down「（ラジオの）音量を下げる」
　→ lower (the volume of the radio)「（ラジオの音量を）下げる」

verify → cross-check「照合する」

be absent from work → be off「休んでいる，休みの」

be seated → sit down「座る」

　Please be seated. → Please sit down.「お座りください」

be messed up → be disorderly「散らかった」

say hello to
　→ give one's regards to「（人）によろしく伝える」

get a hold of
　→ get / keep in touch with「～と連絡を取る[取り合う]」

言い換え表現のまとめ

名詞(句)

apparel → clothing「衣類, 衣料品」

a correspondent → a reporter「記者, 通信員」

deadline → the due date「締め切り(期日)」

an international (telephone) call
　　→ an overseas (telephone) call「国際電話」

a medical examination
　　→ a (medical) check-up「健康診断」

a sales promotion → a sales campaign「販売促進(活動)」

a U.S. citizen → an American「アメリカ人」

形容詞(句)・副詞(句)

alone → (all) on *one's* own / by *one*self「ひとりで」

annually → every year / once a year「毎年 / 年1度」

inexpensive → cheap「安い」

online → through / via the Internet「インターネット(経由)で」

pricey → expensive「高価な」

routine → regular「規則的な, 定期的な」

　routine inspection → regular inspection「定期検査[点検]」

②具体的な語を一般的[抽象的]な言い方に換える

動詞(句)

arrive by 00:00「〜時までには到着する」
　　→ *be* on / in time「間に合う」

commute「通勤する」 → travel to work「仕事に行く」

report (to)「(〜へ)出頭する」 → go (to)「(〜へ)行く」

soar「急に上がる」 → rise「上がる」

　prices soar「(〜の)価格が高騰する」
　　→ prices rise「(〜の)価格が上がる」

名詞(句)

a beer / wine / *etc.*「ビール／ワイン／…」
→ a (alcoholic) drink / beverage「(アルコール) 飲み物」

a carrier「保険会社」 → a company「会社」

a coupon「クーポン」 → a discount ticket「割引券」

a ball / soccer game「野球／サッカーの試合」
→ a sports event「スポーツ大会」

a dress / suit / *etc.*「ドレス／スーツ／…」
→ wear / clothing「衣服，衣類」

a fax machine / (photo)copier / *etc.*「ファクス機／コピー機／…」
→ office equipment「オフィス機器」

a floor plan「平面図」 → an architectural design「建築設計図」

flour / sugar / vegetables / *etc.*「小麦粉／砂糖／野菜／…」
→ groceries「食料品」

a novelist「小説家」 → a fiction writer「小説家」

an oven / a refrigerator / *etc.*「オーブン／冷蔵庫／…」
→ a (household) appliance「家庭用器具／家庭電化製品」

a passport / driver's license「旅券，パスポート／運転免許証」
→ identification「身分証明書」

paving「舗装 (工事)」 → road construction「道路工事」

a suitcase / bag / *etc.*「スーツケース／カバン／…」
→ baggage / luggage「(旅客) 手荷物」

a storm「あらし，暴風 (雨)」 → bad weather「悪天候」

a wife / husband「妻／夫」 → spouse「配偶者」

liquid「液体，流動体」
→ fluid「流体，流動体〔液体 (liquid) と気体 (gas) の総称〕」

言い換え表現のまとめ

③数量表現の単位を変える

half an hour「半時間」 → 30 minutes「30分」
a decade「10年間」 → ten years「10年間」
half a century「半世紀」 → fifty years「50年間」
half「半分」 → 50 percent「50パーセント」
a week「1週間」 → seven days「7日間」
two days/nights per week「1週間に2日/2夜」
　→ twice a/each week「(毎)週2回」

④品詞を換える(動詞を名詞に,あるいはその逆)

be conveniently located「便利のよい所にある」
　→ the location is convenient「場所が便利である」
be experienced「経験に富んでいる」
　→ have long experience「経験がある」
be guaranteed「保証されている」
　→ *be* under guarantee/warranty「保証付きである」
be satisfied/content with「〜に満足している」
　→ have/get the satisfaction with「〜に満足する」
call → make a call「電話をかける」
do 〜 with enthusiasm「(〜を)熱心に行う」
　→ *be* enthusiastic about *do*ing 〜
　　「(〜を)することに熱心である」
experience for 〜 years「〜年経験する」
　→ 〜 years of experience「〜年の経験」
fail「失敗する」 → result in failure「失敗に終わる」
insure「保険に入る」 → buy insurance「保険に入る」
lose「〜を失う,喪失する」 → loss of「〜の喪失」
sign「署名する」 → write *one's* signature「署名する」

> ⑤主語を変える（能動を受身に，あるいはその逆，というように，「態」が変わることが多い）
>
> I can't find A → A is lost / missing
> the area is facing heavy rain → heavy rain is expected
> there is a demand for A → people need A
> they will close A → A will be closed [shut down]
> they don't have A → A is not in stock
> you can purchase / buy A at ....
> 　　　　　　　　　→ A can be purchased at ....
> 　　　　　　　　　→ A are on sale now at ....

PART 4

説明文問題

PART 4

Part 4のポイント

　比較的長い英文を聞き取り，その内容についての質問に答えます。質問は，1つの英文に対して3問，全部で30問あります。質問文（質問文は放送されます）と，答えの選択肢（各質問に対して，それぞれ4つ）は，問題用紙に印刷されています。

　実際のテストで示される指示文と，模擬問題は，164ページに掲載してあります。

● Part 4にでる英文

聞き取る英文については，

Questions 000 and 000 refer to the following announcement.
「問題 000番と000番は次のアナウンスに基づいています」

などのように，指示文の中で「種類」が述べられます。

● 問題文でる順

- announcement「アナウンス」……乗り物・駅・店内での案内
- advertisement「広告」……会社・学校の紹介，商品の宣伝
- talk「トーク」……会議，テレビ・ラジオなどでのトーク
- speech「スピーチ」……パーティー・会議などでのスピーチ
- report「レポート」……ニュース，レポート，交通情報など
  ※ report文では「数量表現」がよくでるのが特徴。
- information「情報」……使用説明書，調理法，道案内など
- message「メッセージ」……テレホンメッセージや電話案内
- weather forecast「天気予報」

注：上記の分類は，絶対的なものではありません。たとえば，講演者や受賞者などの紹介は speech のほか，introduction としてだされます。また，道路情報は report のほか，information としてだされることもあります。

Part 4 のポイント

　質問は、ほとんどが疑問詞で始まる疑問文です。したがって、質問文について注意すべき点は、Part 3 と同じです。

　また、問題文で使われている単語や表現が、答えの選択肢では、同意表現で言い換えられていることが多い、という点も同じです（→「言い換え表現のまとめ」p. 156）。

　質問は、内容の概略（テーマ、場所など）を問うものと、具体的な事実（日時や数字など）を問うものとがあります。

● 概略を問う質問文

What is the topic of this talk?「この話の話題は何ですか」

Where is this talk probably taking place?
「この説明が行われていそうなのはどこですか」

Who is the speaker most likely addressing?
「話者は最も誰に話しかけていそうですか」

　※この疑問文は、address A「A に話しかける」の「A」を疑問詞にしたもの。Whom の代わりに Who を使います。

● 具体的な事実を問う質問文

How often is this convention held?
「この会議はどんな頻度で開かれますか」

According to the report, what is causing the traffic delays?
「レポートによると、交通の遅れの原因は何ですか」

Why will the roads be closed?「道路はなぜ閉鎖されるのですか」

---

　166 ページからの「練習問題」は、「概略を問う質問」に答えながら、よくでる英文の「キー表現」に触れることができるようになっています。実際の試験では、もう少し長い文がだされますが、練習問題にあるキー表現を含んだ文をきちんと聞き取ることができれば、恐れることはありません。

　なお、202 ページの「場面別キー表現集」も参考にしてください。

Part 4 の問題形式

以下の指示文が問題用紙に印刷されています。そして，同じ文章が音声で流されます。この部分は，毎回同じですから，試験場で読む必要はありません。

PART 4

Directions: You will hear some talks given by a single speaker. You will be asked to answer three questions about what the speaker says in each talk. Select the best response to each question and mark the letter (A), (B), (C), or (D) on your answer sheet. The talks will not be printed in your test book and will be spoken only one time.

※このパートは，実際の試験ではサンプルが示されません。ここでは模擬問題を掲載しておきます。

[例題]

---(この部分は印刷されていません)---

Good evening, ladies and gentlemen, and welcome to the Central Theater. Tonight's film, "The Lord of the Rings," runs for 200 minutes.

Where is this announcement being made?
　(A) In a factory.
　(B) In a department store.
　(C) In a shopping center.
　(D) In a movie theater.

　　　　　　　　　　　　　　　Sample Answer　　(A) (B) (C) ●

Part 4の問題形式

[訳]
指示文：1人の人物による説明文を聞きます。各説明文の内容について3つの質問がなされます。質問に対する最も適切な答えを (A), (B), (C), (D) から選び、解答用紙にマークしなさい。説明文は問題用紙には印刷されておらず、1度しか放送されません。

例題
こんばんは皆さま、セントラル劇場へようこそ。今夜上映する「ロード・オブ・ザ・リング」は所要時間は200分です。

このアナウンスはどこで行われていますか。
(A) 工場で (B) デパートで
(C) ショッピングセンターで (D) 映画館で

解説
Central theaterやtonight's filmなどから、映画館での上映前のアナウンスと分かりますので、答えに (D) を選びます。

ワン・ポイント

Part 4 でも、前もって、質問文と解答の選択肢に目を通し、聞き取るポイントを頭に入れておくことが重要です。つまり、質問文と選択肢をひと目で読み取る「速読力」も問われていることになります。

解答では、まれに「正解がない」、が正解のこともあるので注意が必要です。この場合の選択肢は、

Not mentioned.「触れられていない」

None of the above.「上のどれでもない」

などとなっています。

PART 4

1. Where で始まる質問

練習1

(1)～(6) のそれぞれの英文について，次の Question に対する Answer として適切なものを，(A)～(F) から選び [ ] に入れなさい。

Q: Where would this announcement most likely be heard?

(1) [　]

> We are just about to ready for take-off. Please fasten your seat belts and return your seats back to their upright position. We anticipate zero turbulence and a smooth flight all the way.

(2) [　]

> We are now approaching the Chicago International Airport and will be making three stops: the first for international departures, the second for international arrivals, and the last for domestic departures and arrivals.

(3) [　]

> May I have your attention please? The Northeast Rail train bound for Vancouver is leaving in ten minutes from Track 5.

1. Where で始まる質問

(4) [ ]

> This is the limited express bound for New York. All seats are reserved. Please check your ticket and make sure that you are sitting in the correct seat.

(5) [ ]

> If you need any assistance in locating any items, one of our staff members will be glad to offer you assistance.

(6) [ ]

> Good morning and welcome to the racing season's opening day here at the Indianapolis Motor Speedway. Despite cool temperatures, the sun is shining as the drivers prepare to take to the circuit.

■ A:
(A) In a bus headed for the airport.
(B) In a shopping center.
(C) At a train station.
(D) In an airplane.
(E) At a race car event.
(F) On a train.

PART 4

解答と解説

アナウンスの場所を問う質問文です。

(1) **D**

take-off「離陸する」や fasten your seat belts「シートベルトを締める」などから機内のアナウンスと分かります。*be* about to *do*「(今にも)〜しようとしている」, turbulence「乱気流」, all the way「ずっと」

(2) **A**

最初に approaching ... Airport とあるので機内かと思いますが, three stops: the first for international departures, ...「3つの停留所：まず国際線出発口…」 と続いているので, 空港へ向かうバスの中でのアナウンスだと分かります。

(3) **C**

The ... train bound for「〜行きの列車」, from Track 5「5番線から」などから, 鉄道の駅でのアナウンスと分かります。May I have your attention please?「お知らせいたします」はアナウンスを始めるときの決まり文句。

(4) **F**

the limited express「特急列車」, bound for「〜行きの」から列車内のアナウンスと分かります。All seats are reserved. は「全席指定」ということ。なお,「各駅停車」は local と言います。make sure that ...「…ということを確認する」

(5) **B**

assistance (= help), in locating any items「何か品物をお探しの際に」などからデパートなどの店内でのアナウンスと考えられます。

(6) **E**

the racing season's opening day「レースシーズン開幕日」や Motor Speedway「自動車レース場」から, 自動車レース場でのアナウンスと分かります。take to「〜へ行く[赴く]」

1. Where で始まる質問

【訳】

（質問）　このアナウンスが最もよく聞かれそうなのはどこですか。

(1) 離陸準備に入っています。シートベルトを締めて，座席の背もたれを元の直立の位置にお戻しください。途中ずっと乱気流のない，順調な空の旅が続けられる見込みです。

(2) シカゴ国際空港に近づいてまいりました。3カ所の停留所に止まります。まず国際線出発口，次に国際線到着口，そして最後に国内線出発・到着口です。

(3) お知らせいたします。バンクーバー行きのノースイースト鉄道の列車は5番線から10分後に出発いたします。

(4) この列車はニューヨーク行きの特別急行です。全席指定となっております。お手元の切符をお確かめの上，正しい席にお座りくださいますようお願いいたします。

(5) 何か品物をお探しの際には，私どものスタッフが喜んでお手伝いいたします。

(6) おはようございます。ここインディアナポリス自動車レース場，レースシーズンの開幕日にようこそ。空気はひんやりしておりますが，太陽は輝いておりまして，ドライバーたちはサーキットに向かう準備をしています。

答：
(A) 空港に向かうバスの車内で。
(B) ショッピング・センターで。
(C) 駅で。
(D) 飛行機内で。
(E) 自動車レース場で。
(F) 列車で。

PART 4

練習 2

(1)～(6) のそれぞれの英文について、次の Question に対する Answer として適切なものを、(A)～(F) から選び [ ] に入れなさい。

Q: Where is this announcement/talk most likely taking place?

(1) [ ]

> Welcome to the MGM Grand Garden Arena, where tonight you will witness Boxing's most important event of the year: the National Golden Championships.

(2) [ ]

> Mark was a loving husband, a devoted father and grandfather. He will be remembered forever for his generous heart and caring spirit. Not only was he a competent businessman, but a dedicated family man.

(3) [ ]

> Therefore the president has called this meeting. I'd like you come up with some ideas on how to improve the whole process. First, let's look at the information collected.

1. Where で始まる質問

(4) [　]

> First, mash the garlic, anchovy paste, salt and pepper together to make a paste. Slowly pour olive oil, and then add cheese and lemon juice. Mix well and set aside.

(5) [　]

> Cashiers are located on every floor. We accept cash, checks, and all major credit cards. Please enjoy your shopping at Stacy's.

(6) [　]

> This is a reminder to all visitors. Our animals are on special diets and will get sick if fed extra or incorrect food. So please DO NOT feed the animals. You can feed the farm animals located in the Children's Farm.

■ A:
(A) At an office meeting.
(B) In a department store.
(C) At a funeral.
(D) At a zoo.
(E) In a cooking school.
(F) In a sports arena.

PART 4

解答と解説

(1) **F**

you will witness Boxing's ... event「ボクシングの…な試合を目撃するでしょう」から, スポーツ競技場でのアナウンスと分かります。arena は「競技場, 試合場」。

(2) **C**

Mark was a .... と過去形になっていることに注目します。He will be remembered forever for his ....「彼の…はいつまでも記憶されるでしょう」から, funeral「葬式」の場面と考えられます。devoted「誠実な, 献身的な」, generous heart「寛容な心」, caring spirit「人を思いやる［親切な］魂［心］」。第3文は Not only の後なので主語と動詞が倒置されています。

(3) **A**

the president has called this meeting「社長がこの会議を招集した」という初めの文から, office でのスピーチと分かります。call the meeting「会議を招集する」, come up with「～を思いつく, 生み出す」

(4) **E**

First, mash the ....「最初に…をすりつぶし」の後に食品名が続くので, 料理の手順を説明していると分かります。anchovy [ǽntʃouvi]「アンチョビー」, set aside「～を脇へどける」

(5) **B**

Cashiers are located on every floor.「レジは各階にあります」や, 最後の Please enjoy your shopping「ショッピングをお楽しみください」からデパート（の売り場）でのアナウンスと分かります。

(6) **D**

animals がキーワード。please DO NOT feed the animals「動物にエサを与えないでください」から動物園（zoo）での注意事項（reminder）と分かります。*be* on a diet「規定食を取っている」

1. Where で始まる質問

【訳】

(質問) このアナウンス［説明・スピーチ］は，どこで最も話されそうですか。

(1) MGM グランドガーデン・アリーナへようこそ。今宵ここで皆様は，1年で最も注目すべきボクシングの試合，ナショナル・ゴールデン・チャンピオンシップに立ち会われるのです。

(2) マークは愛情に満ちた夫であり，献身的な父であり，祖父でありました。私たちは彼の寛大で思いやりにあふれた精神をいついつまでも忘れることはないでしょう。彼は，有能なビジネスマンであっただけでなく，家庭も大事にした人でした。

(3) したがって，社長がこの会議を招集しました。全プロセスを改善するにはどうしたよいかについて，アイデアをお考えいただきたいと思います。まず，集められた情報を見てみましょう。

(4) まずニンニク，アンチョビー・ペースト，塩，コショウを一緒にしてすりつぶし，ペーストを作ります。ゆっくりとオリーブ・オイルをかけてから，チーズとレモン汁を加えます。よく混ぜてから脇へ置いておきます。

(5) レジは各階にございます。（お支払いは）現金，小切手，主なクレジット・カードはすべて，承ることができます。どうぞステイシーズでのお買い物をお楽しみください。

(6) ご来園のすべてのお客様にお願いいたします。当園の動物たちは特別なエサで飼育されており，それ以外のもの，または悪いものを食べさせられると体調を崩します。どうか動物たちにエサを与えないよう，お願い申し上げます。子ども農場にいる家畜にはエサを与えてくださっても結構です。

答：
(A) 会社の会議で。
(B) デパートで。
(C) 葬儀で。
(D) 動物園で。
(E) 料理学校で。
(F) スポーツ・アリーナで。

PART 4 説明文問題

2. When で始まる質問

練習 3

(1)〜(6)のそれぞれの英文について、次のQuestionに対するAnswerとして適切なものを、(A)〜(F)から選び [ ] に入れなさい。

Q: When is this announcement/speech being made?

(1) [ ]

> Good morning and welcome to the opening day of West Valley Farmers Market, now in its fifth year. This is a showcase for good health and nutrition, and we give our thanks to the family farmers and vendors who make this market possible.

(2) [ ]

> On behalf of the entire crew, it has been a pleasure serving you today and we are looking forward to seeing you on one of our future flights. Have a nice day, and thank you for choosing Asian Airlines.

(3) [ ]

> And now, it is my pleasure to introduce our keynote speaker, Mr. Bill Petersen, who is Chief Market Strategist at Wall Street Access.

2. When で始まる質問

(4) [　]

> Hello. The McCall Dental Clinic is closed now. Our hours are from 8 a.m. to 7 p.m., Monday through Friday, and from 9 a.m. to 3 p.m. on Saturday.

(5) [　]

> Would everyone please proceed to the rear of the building and evacuate by the back stairway. Do not use any of the elevators in the building.

(6) [　]

> At this time, we don't know what caused the crash, but investigators are trying to determine if there was a human error or some kind of mechanical problem with the bus.

■ A:
(A) After a landing.
(B) After a clinic has closed.
(C) Before a speech.
(D) After a traffic accident occurred.
(E) During an opening ceremony.
(F) During an emergency.

PART 4

解答と解説

アナウンスまたはスピーチが話されている時を問う質問です。

(1) **E**

welcome to the opening day of ...「…の初日にようこそ」, we give our thanks to ...「…へお礼を申し上げます」などから, (E) opening ceremony でのスピーチと分かります。Farmers Market「産地直売市場 (= greenmarket)」は, family farmers and vendors「自営農家と販売人」によってできている, と言っています。

(2) **A**

On behalf of the entire crew「全乗務員を代表して」, it has been a pleasure serving you today「本日はご利用いただきましてありがとうございました」(サービス業での決まり文句) や thank you for choosing Asian Airlines「アジア航空をお選びいただきましてありがとうございました」などから, 飛行機が着陸 (landing) した後の機内アナウンスと考えられます。

(3) **C**

introduce our keynote speaker ...「基調演説者…を紹介します」と言っているので, 演説 (speech) が始まる前の司会者のスピーチと分かります。

(4) **B**

Hello. ... Clinic is closed now.「こんにちは。…医院は終了しました」から, 診療時間終了後の電話のメッセージと分かります。

(5) **F**

evacuate by the back stairway「後方階段により避難する」, Do not use any of the elevators「エレベーターは使用しない」などから緊急事態 (an emergency) での放送と分かります。proceed「進む」, evacuate「避難する, 立ちのく」

(6) **D**

we don't know what caused the crash, but ...「衝突の原因は分からないが…」とあるので, 交通事故 (a traffic accident) に関する放送と分かります。at this time「現時点で (は)」

2．Whenで始まる質問

【訳】
（質問）　このアナウンス [スピーチ] はいつされますか。
(1) おはようございます。ウエストバリー・ファーマーズ・マーケットの初日によってそおいでくださいました。今回は5年目になります。このマーケットは健康と栄養のショーケースです。このマーケットの開催を可能にしてくださっている農家と販売者の皆様にお礼を申し上げます。
(2) 全乗務員を代表して，本日のご搭乗に感謝申し上げます。皆様とまたいつか空でお会いできることを楽しみにしております。ごきげんよう。アジア航空をご利用いただきありがとうございました。
(3) さてここで，基調演説者のビル・ピーターソン氏をご紹介申し上げます。氏はウォール・ストリート・アクセスの主任マーケット・ストラテジストでいらっしゃいます。
(4) こんにちは。当マコール歯科クリニックは診察時間を終了いたしました。診察時間は月曜日から金曜日は午前8時から午後7時まで，土曜日は午前9時から午後3時までです。
(5) 皆様，建物の後ろへ向かって進み，後方階段から避難してくださいますよう，お願いいたします。建物内のエレベーターはどれも使わないようにしてください。
(6) 現時点では，何が衝突の原因になったのか分かっておりませんが，調査官たちは人為的なミスによるものか，バスに何らかの機械的な問題があったのかを判断しようとしています。

答：
(A) 着陸後に。
(B) 診療所の閉まった後に。
(C) スピーチの前に。
(D) 交通事故の後に。
(E) オープニング・セレモニーに。
(F) 非常事態時に。

3. What で始まる質問

練習 4

(1)～(6) のそれぞれの英文について、次の Question に対する Answer として適切なものを、(A) ～ (F) から選び [ ] に入れなさい。

Q: What is the purpose of this announcement?

(1) [ ]

> We ask that passengers keep all electronic devices turned off until we are flying above 10,000 feet. We will let you know when it is safe to use such devices.

(2) [ ]

> Vehicles are not allowed to drive in and out of the campsite. Trail bikes, ATVs, three wheelers, and motorcycles are not allowed beyond the parking lot. Violators will be asked to leave.

(3) [ ]

> Federal regulations now prohibit persons without passenger tickets from going beyond Passenger Security Screening. Please meet arriving passengers in the terminal baggage claim area or terminal curbside.

(4) [ ]

> In the event of an earthquake, everyone should completely clear the building, or get under a strong table, or stand in a doorway.

3. What で始まる質問

(5) [　]

> Attention, customers. There is a vehicle in the parking lot that is blocking another car. The vehicle is a white Toyota hatchback and the license number is 123-E567.

(6) [　]

> If you would like to stop along the road to enjoy the scenery, even for a short time, please be sure to lock your car doors and secure your valuables in the trunk.

■ A:

(A) To ask that no electrical possessions be used.
(B) To remind sightseers to secure their vehicles when unattended.
(C) To remind people that only air-ticket holders can pass through the security area.
(D) To request that the campsite parking rules be followed.
(E) To inform people what steps to take in an emergency.
(F) To inform customers that someone's car is parked in the wrong place.

PART 4

解答と解説

アナウンスの目的を問う質問です。

(1) **A**

keep all electronic devices turned off「すべての電子機器のスイッチを切っておく」が，(A) no electrical possessions be used「電気関係の所持品は一切使用しない」と同じことを意味しています。機内アナウンス。

(2) **D**

... are not allowed to *do*「(…を) ～することは禁止されています」は規則 (rule) を述べる表現です。vehicle「乗り物」, campsite「キャンプ場」, trail bike「トレイルバイク」, ATV (all-terrain vehicle)「全地形型車両, 4輪バギー」, three wheeler「3輪自動車, サイドカー付オートバイ」, violator「違反者」

(3) **C**

prohibit persons without passenger tickets from ...「チケットを持たない人は…を禁止する」が，(C) で only air-ticket holders can ...「チケットを持っている人だけが…できる」と言い換えられています。federal regulation「連邦規制, 連邦規定」, prohibit + 人 + from *doing*「(人) が～するのを禁止する」, Passenger Security Screening「旅客手荷物検査場, セキュリティチェック」, baggage claim area「手荷物引取所」, curbside「車寄せ」

(4) **E**

In the event of an earthquake, everyone should ....「地震の際には, 全員…」から，地震のときにとるべき行動を述べていると考えられます。(E) ではこれを step(s)「処置」と言っています。in the event of「(万一) ～の場合には」

(5) **F**

There is a vehicle ... that is blocking another car.「ほかの車を妨害している車があります」は，よくある「車の移動をお願いいたします」の放送です。license number「(車の) ナンバープレートの番号, 登録番号」

3. What で始まる質問

(6) **B**

be sure to lock your car doors and secure your ...「必ず車のドアをロックして…を守る」から，車を離れるとき (when unattended) の注意を言っていると考えられます。secure「保護する，守る」，unattended「無人の」

【訳】
(質問) このアナウンスの目的は何ですか。
(1) 高度が 1 万フィートを超えるまで，乗客の皆さまはすべての電子機器のスイッチを切っておいてくださいますよう，お願い申し上げます。それらを使用しても安全になりましたらお知らせいたします。
(2) キャンプ場に車で出入りすることは禁止されています。トレイルバイク，ATV (4 輪バギー)，3 輪車，オートバイは駐車場を越えて乗り入れてはいけません。違反した方には退去していただきます。
(3) 現在，連邦規制により，セキュリティチェックより中には航空券を持たない方は立ち入り禁止になっております。お出迎えはターミナル内の手荷物受取所もしくは車寄せにてお願いいたします。
(4) 地震の際には，全員建物より退避するか，しっかりとしたテーブルの下に入るか，戸口に立つようにしてください。
(5) お客様にお知らせいたします。駐車場にほかの車の通行を妨げている車がございます。トヨタの白いハッチバック車で，登録番号は 123-E567 です。
(6) 路肩に駐車して景色を眺めるときには，たとえほんの少しの間だとしても，必ず車のドアをロックして，貴重品をトランクに入れて守るようにしてください。

答:
(A) 電気関係の所持品は一切使用しないように求めている。
(B) 観光客に車を離れる際の安全について注意を喚起している。
(C) セキュリティエリアを通れるのは航空券を持っている人だけだと注意している。
(D) キャンプ場の駐車規則に従うように求めている。
(E) 緊急時にどんな処置をとったらよいかを知らせている。
(F) 客に誰かの車が間違った場所に駐車されていると知らせること。

PART 4

練習5

(1)～(6) のそれぞれの英文について，次の Question に対する Answer として適切なものを，(A)～(F) から選び [ ] に入れなさい。

Q: What is the purpose of this announcement/message?

(1) [　]

> To celebrate Christmas—our favorite time of year—we are giving you a single-use coupon which will allow an additional 5% off on your purchases. This coupon is good for only 30 days from today, so don't delay!!

(2) [　]

> In the morning session we'll review the homework assignment in small groups, focusing on production techniques and tools. In the afternoon we'll step back and consider the merits of the technology.

(3) [　]

> Award-winning basket maker Monica Stewart will be teaching a one-day basketry workshop on July 19. The class will be held from 10 a.m. to 3 p.m., so we recommend that you bring a lunch with you.

(4) [　]

> Hello. You've reached 328-4495. I'm not available to talk to you right now. Please leave your name, telephone number and a brief message. I will call back as soon as I can.

(5) [　]

> Hello, this is Alberta Harris. I'm afraid I'll have to cancel our appointment for tomorrow, as I have unexpected business on that day. Could we reschedule for later this week, perhaps Thursday afternoon? I'll be looking forward to your call.

(6) [　]

> Hello, this is Rachel from Dr. Cooper's office calling to remind you of your annual checkup tomorrow at 10:30. We'll be looking forward to seeing you.

■ A：
(A) Announcing the schedule of a basket making class.
(B) Asking the caller to leave a message.
(C) Explaining the schedule for the day.
(D) Asking to postpone a meeting.
(E) Reminding someone about a doctor's appointment.
(F) Informing customers of a seasonal sale.

PART 4

解答と解説

アナウンスまたはメッセージの目的を問う質問です。

(1) **F**

To celebrate Christmas「クリスマスを祝うため」, we are giving you a ... coupon「…クーポン券を差し上げています」から seasonal sale「季節のセール」の案内と分かります。single-use「1回だけ使用の」, good「有効な (= valid)」

(2) **C**

In the morning session ....「午前の部では…」, In the afternoon ....「午後は…」と1日の予定 (schedule for the day) を言っています。focus on「〜を重点的に取り扱う」, step back「さがる, 一歩退く」

(3) **A**

... will be teaching a one-day basketry workshop「…はかご細工の1日講習会で指導するでしょう」, The class will be held ....「クラスは…に開かれます」などから講習会の予定 (the schedule) を案内していることが分かります。basket maker「かご細工作家」, award-winning は何かの賞を「受賞した」という形容詞。

(4) **B**

留守番電話のメッセージです。電話をかけた人 (caller) に, your name, telephone number, a brief message を残す (leave) ように言っています。reach はここでは「連絡をとる」で, You've reached .... で「(電話で) こちらは〜です」という意味。

(5) **D**

留守番電話に残したメッセージです。I'll have to cancel our appointment ....「会う約束をキャンセルしなければならない」, Could we reschedule for ... ?「…に予定を変えていただけないか」と, 会合の延期 (postpone a meeting) を申し出ています。reschedule for「〜に予定を変更する」

PART 4 説明文問題

3. Whatで始まる質問

(6) **E**

 call(ing) to remind you of your annual checkup「年1回の健康診断の確認のお電話です」と，予約（appointment）について喚起する（remind）電話です。checkup「健康診断」

【訳】
(質問) このアナウンス［メッセージ］の目的は何ですか。
(1) 1年で1番好きな時，クリスマスを祝うために，購入時にさらに5％引きになる1回限りのクーポン券を差し上げております。このクーポン券は本日よりわずか30日間のみ有効です。お早めにどうぞ!!
(2) 午前の部では，生産技術と道具に重点を置いて，小グループに分かれて自宅課題の検討をします。午後は立ちかえって，技術の功績について考えます。
(3) かご細工で賞を受けたモニカ・スチュワートさんが，かご細工の1日講習会を7月19日に開きます。教室は午前10時から午後3時までですので，ランチを持参なさるようお勧めします。
(4) こんにちは。こちらは328-4495です。ただいま電話に出ることができません。お名前と電話番号，ご用件を簡単にお残しください。できるだけ早く折り返しお電話いたします。
(5) こんにちは，アルバータ・ハリスです。申し訳ございませんが，明日のお約束をキャンセルしなくてはなりません。急な仕事がその日に入ってしまったのです。今週の後半，できましたら木曜日の午後に予定を変更していただけませんでしょうか。お電話お待ちしております。
(6) こんにちは，クーパー先生の診察所のレイチェルです。明日10時半の定期健診のお知らせでお電話いたしました。ご来院をお待ちしております。

答：
(A) かご細工教室の予定を知らせること。
(B) 電話をかけてきた人に伝言を残してくれるよう頼むこと。
(C) その日の予定を説明すること。
(D) 面会の延期を依頼すること
(E) 誰かに医師との予約について喚起すること。
(F) 季節のセールを客に知らせること。

PART 4

練習6

(1)〜(6) のそれぞれの英文について, 次の Question に対する Answer として適切なものを, (A)〜(F) から選び [ ] に入れなさい。

Q: What is the topic of this report?

(1) [　]

> In California, frequent stoppage of freight transport is now reaching crisis proportions. State officials say that businesses are becoming unable to ship their produce.

(2) [　]

> Star Technologies, Inc. today announced the resignation of Kenneth V. James, the company's senior vice president and chief financial officer, effective January 2nd, 2004. William Baker, president and chief operating officer, will be serving as acting CFO.

(3) [　]

> A commuter train collided head-on with a mile-long freight train during the Tuesday-morning rush hour in Orange County, California. Two people were killed and dozens were injured.

(4) [　]

> Follow Oak Trail South for about 8 km, then turn right on the west-bound ramp to 16 Ave. This street will take you to the Trans-Canada Highway.

3. What で始まる質問

(5) [ ]

JLD Industries announced today that it has completed the purchase of Trident Products, Limited. With the acquisition of this company, JLD will become the second largest independent natural gas supplier in the country.

(6) [ ]

Grill the steaks over hot charcoals for 3 to 5 minutes on each side, or as desired. Then place on a warm platter, cover with aluminum foil, and let rest for about 10 minutes.

■ A:
(A) Street directions.
(B) A company executive's resignation.
(C) A railroad accident.
(D) Cooking instructions.
(E) A transport strike.
(F) A company acquisition.

PART 4 説明文問題

PART 4

解答と解説

トピック・話題を問う質問。

(1) E

frequent stoppage of freight transport「頻繁に起こる貨物輸送の停止」によって，製品輸送がはばまれている，と言っています。stoppage「(スト中の) 操業停止」は strike と同意。reach crisis proportions「重大な事態に達する」

(2) B

announced the resignation of「～の辞任を発表した」，effective January 2nd, 2004「2004 年 1 月 2 日をもって」などから，会社の人事に関するアナウンスと分かります。辞任した K.V. James 氏は senior vice president「上席副社長」であり，かつ chief financial officer (= CFO)「最高財務責任者」であった。これを (B) では executive「重役，経営者陣」と言い換えています。serve as「～の役割をする」，acting「代理の，臨時の」

(3) C

a ... train collided head-on「列車が正面衝突した」，Two people were killed and dozens were injured「2 名が死亡し，数十人が負傷した」などから，列車事故 (railroad/train accident) が起きた，と分かります。正面衝突したのは，a commuter train「通勤電車」と a mile-long freight train「長い (編成の) 貨物列車」。dozens of「数十の～，かなりの数の～」

(4) A

follow「～に沿って行く」，turn right on「～で右に曲がる」，This street will take you to ....「この通りを進めば…へ行く」などから，道案内 (street directions) と分かります。

(5) F

has completed the purchase of「～の買収を完了した」，acquisition of「～の取得 [買収]」などから，企業が他企業を買収した，と分かります。the second largest「第 2 番目に大きな」

3. What で始まる質問

(6) D

　Grill the steaks「ステーキ肉をグリルする」や Then place on a warm platter「それから温めた大皿に載せる」などから，料理法の説明 (cooking instructions) と分かります。grill「網焼きにする」, charcoal「木炭，炭」, as desired「要望どおり」, platter「大皿」

【訳】

（質問）　このレポートのトピックは何ですか。
(1) カリフォルニアでは，頻繁に起こる貨物輸送ストライキは深刻な事態に近づいています。州当局によると，企業は製品を出荷することができなくなっているとのことです。
(2) スター・テクノロジー社は，本日，上席副社長兼最高財務責任者であるケネス・V・ジェームズ氏が 2004 年 1 月 2 日付で辞任することを発表しました。社長兼最高経営責任者であるウィリアム・ベーカー氏が臨時に CFO を兼務いたします。
(3) カリフォルニア州オレンジ・カウンティで火曜日の朝のラッシュ・アワーに通勤電車が長い貨物列車と正面衝突しました。死者 2 名と数十人の負傷者が出ました。
(4) オーク・トレイル・サウスを約 8 キロ行き，それから西へ向かうランプで右に曲がって 16 アベニューに向かいます。この通りを行けばトランス - カナダ・ハイウェイに出られます。
(5) JLD 工業は，本日，トライデント・プロダクト社の買収を完了したと発表しました。この会社の取得により，JLD は国内第 2 位の天然ガスを供給する独立企業となります。
(6) ステーキ肉両面を熱くなった炭の上で 3 分から 5 分，もしくはお好みでグリルします。温めた大皿に載せてからアルミホイルで覆い，約 10 分ほどそのままにしておきます。

答：
(A) 道案内。
(B) 会社役員の辞任。
(C) 列車事故。
(D) 調理の説明。
(E) 輸送機関のストライキ。
(F) 企業買収。

PART 4

4. Who で始まる質問

練習 7

CD2 40

(1)～(6) のそれぞれの英文について，次の Question に対する Answer として適切なものを，(A) ～ (F) から選び [ ] に入れなさい。

Q：Who is most likely the speaker?

(1) [ ]

> Good afternoon. I am happy that you could join me today for a tour of the National Gallery. The tour will take about two hours. If we end up finishing early, feel free to return to your favorite gallery or relax in the gallery's coffee shop.

(2) [ ]

> I'd like to present to you our speaker, Mr. David Booth, chief executive officer of Sun Corporation. He is going to talk about some very innovative and exciting projects that Sun has just started.

(3) [ ]

> On behalf of Tech Net I am certainly honored to accept this award, as it represents your recognition of the efforts we have made to be the Internet Service Provider of the Year.

4. Who で始まる質問

(4) [　]

> The weather report indicates that we'll be encountering a little turbulence, and we have therefore left the seat belt light on.

(5) [　]

> Before I leave, I just want to tell you all how grateful I am for all the support you have given me over the years.

(6) [　]

> In today's lecture, I will briefly explain the differences between digital and analog signals. I'll then go into an explanation on how telephone signals can be transported via the cable network.

■ A:
(A) A guide.
(B) An information science specialist.
(C) The chairperson.
(D) A company representative.
(E) A retiring executive.
(F) A captain of an airplane.

PART 4

解答と解説

誰の発言かを問う質問です。

(1) **A**

　I am happy that you could join me today for a tour of ....「今日の…見学に参加していただいて嬉しく思います」の tour がポイント。ガイド (a guide) とすぐに結びつけられます。feel free to *do*「自由に～する，遠慮なく～する」

(2) **C**

　I'd like to present to you our speaker, ...「講演者の…をご紹介します」から司会者 (chairperson) の発言と考えられます。innovative「革新的な」

(3) **D**

　On behalf of「～を代表して」，I am certainly honored to accept this award「この賞をいただけることを誠に光栄に思います」などから，会社の代表者 (representative) の発言と分かります。recognition「認識，評価」，... of the year「年間最優秀…」

(4) **F**

　have left the seat belt light on「シートベルト着用ライトをつけたままにしました」から機長 (captain) のアナウンスと考えられます。

(5) **E**

　Before I leave「辞めるに当たり」とあるので退職 (retirement) に際してのあいさつと分かります。特に for all the support you have given me over the years「長年にわたり，皆さんが私を支えてくださったことに対して」から，辞めるのは重役 (executive) と考えられます。over the years「長年の間に」

(6) **B**

　differences between digital and analog signals「デジタル信号とアナログ信号の違い」，how telephone signals can be transported via the cable network「電話の信号がどのようにしてケーブル網を通って運ばれるか」などから情報科学 (information science) に詳しい人の講演 (lecture) と考えられます。go into「～に入る」，on「～について」

4．Who で始まる質問

て（= about）」

【訳】

(質問) 話し手として一番考えられるのは誰でしょうか。

(1) こんにちは。本日は国立美術館の見学ツアーにご参加いただきまして嬉しく思っております。ツアーの時間は 2 時間でございます。早く終わってしまった場合には，お好みの展示室にお戻りになるか，喫茶室でおくつろぎになるか，ご自由になさってください。

(2) 講演者のディビッド・ブース氏をご紹介いたします。氏はサン・コーポレーション社の最高経営責任者でいらっしゃいます。これから，サン社が着手した大変革新的かつ刺激的なプロジェクトについて，お話しくださいます。

(3) テク・ネットを代表いたしまして，この賞をいただけることを誠に光栄に思います。この受賞は，わが社の努力が年間最優秀インターネット・サービスプロバイダーに値するものと認めていただいた結果であると思っております。

(4) 天気予報によりますと，多少の乱気流があるようですので，シートベルト着用ランプをつけたままにしております。

(5) 辞めるに当たり，長年にわたって皆さんが私を支えてくださったことに対して，どんなに感謝しているかを申し上げたいと思います。

(6) 本日の講演では，デジタル信号とアナログ信号の違いについて簡単に説明いたします。それから，どうやって電話信号がケーブル網にのって送られるのかについての説明に入りたいと思います。

答：
(A) ガイド。
(B) 情報科学の専門家。
(C) 司会者。
(D) 会社の代表者。
(E) 退職する会社の役員。
(F) 飛行機の機長。

練習 8

(1)～(6) のそれぞれの英文について，次の Question に対する Answer として適切なものを，(A)～(F) から選び [ ] に入れなさい。

Q: What kind of organization would most likely be making this statement?

(1) [ ]

> If you're considering a career in web design and development, this six month course will provide you with all the core skills you need to become a professional.

(2) [ ]

> Try our new Wheat Crunch cereal. It has just the right nutritional balance, including all the vitamins and minerals you need every day.

(3) [ ]

> Have you tried weight loss programs that simply didn't work? Well, if you are serious about getting into shape, please call us toll-free at 866-444-4496.

(4) [ ]

> Leave the tourist trails behind and travel with us to remote valleys and mountains. Then take a cruise along the mighty Waiko River. There is no better time than now to visit this exotic, unspoiled island.

4. Who で始まる質問

(5) [　]

This very desirable property is located only minutes away from the train station, a supermarket, and several restaurants.　Moreover, renovations which include a new bathroom and kitchen, have been made just recently.

(6) [　]

The Shikoku Expo will feature the latest organic farming techniques, including a new method of rice-field weed control.　Talk with the experts about laborsaving techniques and environmentally friendly innovations of the future.

■ A:
(A) A health club.
(B) A travel agency.
(C) A foods company.
(D) A real estate agency.
(E) The organizer of an exposition.
(F) An IT (information technology) school.

PART 4

解答と解説

ステートメント・宣伝文がどこのものかを問うものです。

(1) **F**

 a career in web design and development「ウェブのデザインと開発の仕事」, this six month course「この6カ月のコース」と言っていることから, 情報工学の学校 (an IT school) の宣伝と分かります。provide A with B「A に B を提供する, 供給する」

(2) **C**

 Wheat Crunch cereal は, nutritional balance「栄養バランス」がとれており, all the vitamins and minerals「すべてのビタミンとミネラル」が含まれていると言っていますので, 食品会社 (a foods company) の宣伝と考えられます。

(3) **A**

 get(ting) into shape「体を鍛える」をピーアールしているのでヘルスクラブ (a health club) やジムの宣伝文句と考えられます。simply「全く〔強調〕」, be serious about「～に対して本気だ, 真剣だ」

(4) **B**

 travel with us to remote valleys and mountains「はるかな渓谷, 山々へ一緒に旅をする」, a cruise along the mighty Waiko River「勇壮なワイコ川の船旅」などから旅行会社 (a travel agency) の宣伝と分かります。leave ... behind「…を後にする, 通り過ぎる」, unspoiled「損なわれていない, 昔のままの」

(5) **D**

 This ... property is located「この…物件は位置しています」から, 不動産業者 (a real estate agency) の宣伝ということが分かります。property「(個々の) 不動産物件」, renovation「修繕, 改修」

(6) **E**

 The Shikoku Expo will feature ....「四国博覧会は…を呼び物 (特色) にしている」と言っています。expo = exposition, the latest organic farming techniques「最新の有機農業技術」, laborsaving「省力の, 労働節約の」, (be) environmentally friendly = (be) friendly to

4. Who で始まる質問

the environment「環境にやさしい」

【訳】
(質問) どのような団体が一番このステートメントをだしそうでしょうか。
(1) もしウェブのデザインと開発の仕事を考えているのでしたら，この6カ月のトレーニングコースは，あなたにプロフェッショナルとして必要な基本技術を提供いたします。
(2) 新製品のウィート・クランチ・シリアルをお試しください。適切な栄養バランスがきちんととれていて，1日に必要とされるあらゆるビタミンとミネラルを含んでおります。
(3) これまでダイエット［減量］プログラムを試して全く効果がでなかったことはありますか。もし，本気でシェイプアップしようと思うのでしたら，フリーダイヤル 866-444-4496 まで，どうぞお電話ください。
(4) 観光用の道を後にして，はるかな渓谷と山々へ一緒に旅をしましょう。そして勇壮なワイコ川の船旅をしましょう。今こそ異国情緒豊かな，損なわれていないこの島を訪れる最高の時です。
(5) この非常に望ましい物件は，駅，スーパーマーケット，数軒のレストランからほんの数分の所にあります。さらに，新しい洗面所と台所を含む改修をつい最近行っています。
(6) 四国博覧会では，水田の雑草防除の新しい方法を含む，最新の有機農業の技術を中心テーマにします。労働節約技術や未来の環境にやさしい改革について，専門家と語り合ってください。

答：
(A) ヘルスクラブ。
(B) 旅行業者。
(C) 食品会社。
(D) 不動産業者。
(E) 博覧会の主催者。
(F) IT の学校。

PART 4

練習 9

(1)〜(6) のそれぞれの英文について，次の Question に対する Answer として適切なものを，(A) 〜 (F) から選び [ ] に入れなさい。

Q: Who is the speaker most likely addressing?

(1) [ ]

> If you are looking for "greener pastures" or would like to seek more challenging opportunities, send your resume and cover letter to Human Resources.

(2) [ ]

> Banks seldom loan you money if your credit is less than perfect. We specialize in home mortgages and mortgage refinancing. You'll find that our loans are easier to qualify for and our interest rates competitive.

(3) [ ]

> The Central Bridge has been closed this morning, and commuting time is expected to take one hour longer, or more. If possible, detour via Ninth Avenue through the airport area.

(4) [ ]

> Dover High School Concert Choir, under the direction of Dr. Henry Williams, will present its Spring Concert Tuesday, April 27, at 8 p.m., in the school auditorium. The concert is free and open to the public.

4. Who で始まる質問

(5) [ ]

> We will begin our new workout class next week with the renowned Dr. James Crane. Dr. Crane has created a unique training method based on his new invention, BALL. With regular attendance you are certain to achieve greater strength, body tone, and flexibility.

(6) [ ]

> The County Police Department wishes to remind motorists that booster seats are safer than seat belts for young children weighing less than 80 pounds. Every year about 160 children in Hawaii, aged 4 to 7 years old, are taken to the hospital as a result of seat-belt-related injuries.

■ A:
(A) People who drive with their children.
(B) Anyone who is fond of music.
(C) People who drive to work.
(D) People who want to change their job.
(E) People who want to take out a loan.
(F) People who want to be physically fit.

PART 4

解答と解説

誰に向けてのメッセージかを問うものです。

(1) **D**

greener pastures は「今よりよい場所」の意味。転職希望者に向けてのメッセージです。履歴書 (resume) と添え状 (cover letter) をお送りください, と人材派遣会社 (Human Resources) が言っています。

(2) **E**

Banks seldom loan you money if ....「もし…ならば銀行はあなたに金を貸し付けてくれることはまずない」, our loans are easier to qualify for「私どもの貸付 (金) は (銀行) より (貸付資格を) とりやすい」などから, 銀行以外のローンを借りたい人に向けての宣伝と考えられます。less than perfect「完全ではない」, home mortgage [mɔ́ːrgidʒ]「住宅ローン」, mortgage refinancing「ローンの借り換え」, interest rate「利率」

(3) **C**

... has been closed this morning, and commuting time is expected to take one hour longer, or more「(…が) 今朝閉鎖されているため, 通勤にかかる時間は平常より 1 時間かそれ以上長びくと見込まれます」から通勤ドライバー向けの交通情報と考えられます。

(4) **B**

高校のコンサート・クワイア (choir [kwáiə]) による, コンサートのお知らせです。is ... open to the public「一般に公開されている」とありますから, 一般の音楽愛好家向けです。under the direction of「〜の指揮で」, auditorium「(学校の) 講堂, 公会堂」

(5) **F**

new workout class「新しいトレーニングクラス」からフィットネス・クラブ (a fitness club) の宣伝と分かります。a unique training method「独自のトレーニング方法」で, you are certain to achieve greater strength, body tone, and flexibility「確実にあなたの力は増し, 体調はよくなり, 体もやわらかくなる」と言っています。renowned = famous, body tone「体調」。

4. Who で始まる質問

(6) **A**

体重 80 ポンド以下の幼児には，シートベルトよりチャイルドシート (booster seat) のほうが安全だ，と言っています。booster seat「チャイルドシート」。したがって，子どもを乗せて車を運転する人に向けてのものと分かります。County Police Department「郡警察署」，remind ... that「(人) に (that 以下のことを) 思い出させる，(注意を) 喚起する」

【訳】

(質問) 話し手は誰に話しかけていると考えられますか。

(1) もしあなたが「今よりよい場所 [職場]」を探しているか，もっとやりがいのあるチャンスを探し求めているのでしたら，ヒューマン・リソーシズあてに履歴書と添え状をお送りください。

(2) あなたの信用度が完全でなければ，銀行はまずお金を貸してはくれません。当社は住宅ローンとローンの借り換えを専門にしております。私どものローン [貸付金] は (銀行) よりとりやすく，利率も負けないことがお分かりいただけることでしょう。

(3) セントラル・ブリッジは，今朝閉鎖されておりますので，通勤時間は平常より 1 時間もしくはそれ以上かかると見られています。できれば，迂回して 9 番街を通って空港区域を抜けて行ってください。

(4) ドーバー高校コンサート合唱団は，ヘンリー・ウィリアムズ博士指揮で，4 月 27 日，火曜日，午後 8 時より，学校の講堂にて春のコンサートを開きます。入場は無料で一般公開されています。

(5) 次週，高名なジェームス・クレイン博士の新しいトレーニング・クラスを始めます。クレイン博士は，新たに考案した BALL に基づく独自のトレーニング方法を生み出しました。定期的に参加することで，きっとあなたの力は増し，体調はよくなり，体はやわらかくなります。

(6) 郡の警察署は，80 ポンド以下の幼児にはシートベルトよりもチャイルドシートのほうが安全であることを，ドライバーに喚起したいとしています。毎年ハワイでは 4 歳から 7 歳までの子ども，およそ 160 人がシートベルト関連のけがで病院へ運ばれています。

答：
(A) 子どもを乗せて運転をしている人たち。
(B) 音楽が好きな人なら誰でも。
(C) 自動車通勤している人たち。
(D) 転職を望んでいる人たち。
(E) ローンを組みたい人たち。
(F) 身体的に元気でありたいと願う人たち。

PART 4 説明文問題

場面別キー表現集

■ **transportation**「交通機関」

○ **airport**「空港」/**airplane**「飛行機」

boarding gate「搭乗ゲート」

boarding card「搭乗券」

departure/arrival gate「出発・到着ゲート」

departure/arrival time「出発・到着時刻」

final destination「最終目的地」

check-in counter「チェックイン・カウンター」

baggage claim「手荷物引き渡し所」

security checkpoint「手荷物検査所」

security guard「警備員」

flight attendant「客室乗務員」

cruising altitude「巡航高度」

No Smoking sign「禁煙サイン」

(Fasten) Seat Belt sign「シートベルト・サイン」

take off「離陸する」 ⇔ land「着陸する」

fasten a/*one's* seat belt「シートベルトを締める」

return a/*one's* seat to its upright position
「座席を元の縦位置に戻す」

encounter turbulence「乱気流に遭遇する」

May I have your attention please.
「みなさまにご案内いたします」

This is your captain speaking.「機長からごあいさついたします」

Welcome aboard Northeast Airlines, flight 201 to Seattle.
「ノースイースト航空シアトル行，201 便へご搭乗いただきましてありがとうございます」

○ station「駅」/ train「列車」

ticket counter「乗車券売場」
round trip ticket「往復切符」
reserved-seat ticket「指定席券」
limited express「特急」
(*be*) bound for「…行き」

The Northeast train bound for Boston is leaving in ten minutes from Track 14.
「ノースイースト，ボストン行きの列車は10分後に14番線から出発いたします」

dining car「食堂者」
pay / public phone「公衆電話」

We will soon make[be making] a brief stop at Shin-Osaka.
「まもなく新大阪に止まります」

■ office「会社」

headquarters [main office]「本社」
branch office「支社」
subsidiary (company)「系列[子]会社」
acquisition / buyout「(企業)買収」
president「社長，代表取締役」
vice president「副社長」
chief executive officer (CEO)「最高経営責任者」
chief operating officer (COO)「最高執行責任者」
chief financial officer (CFO)「最高財務責任者」
board (of directors)「取締役会」
board meeting「役員[取締役]会議」
boardroom「(重役の)会議室」

department / section「部・課」
accounting department「経理部」
accounting audit「会計監査」
accountant「会計係, 経理士」
advertising department「宣伝部, 広告部」
customer service department「顧客サービス部」
personnel [human resources] department「人事部」
acting manager「部長代理」
staff「(集合) 部員, 社員」(※個々は a staff member)
job opening「求人口, 空席」
recruiting information「求人情報」
resume and cover letter「履歴書と添え状」
reception area「受付ロビー」
reception room「応接室」
smoking / non-smoking area「喫煙 [禁煙] 区域」
parking area「駐車区域」
working area「作業区域, 動作範囲」
designated area「指定区域」

■ **meeting**「会議」
conference / meeting room「会議室」
items on the agenda「議題」
make / second a motion「動議を出す [動議に賛成する]」
current status of「～の現状・現況」

■ **telephone message**「電話メッセージ」
telephone directory「電話帳」
take a message「伝言を受ける」
leave a message「伝言を残す」

return *one's* call [call back]「折り返し電話する」
cancel *one's* appointment「アポイントをキャンセルする」

■ convention「総会」/ speech「演説」

annual convention「年次総会」
distinguished guest「賓客」
guest / featured speaker「来賓［特別講演者］」
luncheon speaker「昼食会講演者」

on behalf of「〜を代表して，〜に代わって」
Let me introduce myself.「自己紹介をさせていただきます」
It's my pleasure to welcome you to this conference.
「皆様をこの大会にお迎えできて嬉しく思います」

It is my pleasure to introduce to you Mr. ....
「皆様に…氏をご紹介できることを嬉しく思います」

It is a great honor for me to receive the ... award.
「…賞を受けることは私にとって非常な名誉です」

I would like to extend my warmest thanks to ....
「心からの感謝を…に捧げたいと思います」

■ report「報道」

news update「最新ニュース」
security alert「セキュリティー警報」
the epicenter (of the earthquake)「震源地」
the magnitude (of the earthquake)「マグニチュード」
power failure / outage「停電」
(power) blackout「停電」
cause serious / major damage
「重大な被害［損害］をもたらす」

The suspect had allegedly stolen the car.
「容疑者は車を盗んだ疑いが持たれている」

(Please) stay tuned.「このまま引き続きお聞きください」

■ traffic「交通」

traffic jam「交通渋滞」
fender bender「接触［追突］事故」
collide head-on「正面衝突する」
eastbound / westbound / southbound / northbound
「東［西・南・北］行きの」
interstate (highway)「州間ハイウェイ」
intersection「交差点」
crosswalk「横断歩道」

■ weather forecast「天気予報」

The weather will be partly cloudy with isolated rain showers.「天気は所により曇りで時々雨でしょう」
sunny「天気の」, cloudy「曇りの」, foggy「霧の深い」, windy「風の強い」, breeze「微風」, thunderstorm「雷雨」, snowstorm「吹雪」

Highs will be around 72 degrees.
「最高気温は（華氏）72度前後でしょう」

Lows will be in the mid 70s.
「最低気温は（華氏）70度台の中ごろでしょう」

in the single digits「（温度が）1けた台」
range from ... to 〜「…から〜の間」

■ store「商店」

department store「デパート」

supermarket「スーパーマーケット」

shopping mall / center「商店街」

men's / women's clothing department「紳士 [婦人] 服売場」

children's clothing department「子供服売場」

menswear / womenswear「紳士服 [婦人服]」

casual wear「カジュアルウエア」

sportswear / leisure wear「スポーツウエア [レジャーウエア]」

furniture / housewares department「家具 [家庭用品] 売場」

gift wrap「贈り物用包装 (をする)」

register [checkout counter]「レジ」

shopping cart「ショッピングカート」

shopping basket「(店内用) 買い物かご」

catalogue sales / shopping「カタログ販売 [ショッピング]」

online sales / shopping「オンライン販売 [ショッピング]」

clearance sale「在庫一掃セール」

holiday sale「休日セール」

on sale「特売で」

be / go on sale「発売中である [される]」

delivery service「配達サービス」

business hours「営業時間」

credit card「クレジットカード」

sales tax「消費税」

PART 4

■ hotel「ホテル」
front desk「フロント」
front desk clerk「フロント係」
bellboy / bellhop「ボーイ」
wake-up call「モーニング・コール」(※ morning call は和製英語)
bed and breakfast (BB)「朝食つきの簡易ホテル」
ballroom「ボールルーム (舞踏室)」
banquet room「宴会場」
catering service「ケータリング・サービス」
box lunch「(サンドイッチ) 弁当」
wedding reception「結婚披露宴」
formal / informal / casual attire
　「正装 [略装・カジュアルな] 服装」

■ theater「劇場」
movie theater「映画館」
concert hall「コンサート・ホール」
feature film「主要作品」
box office [ticket booth]「切符売場」
matinee showing「昼の興行」
usher「案内係」

■ restaurant「レストラン」
appetizer [hors d'oeuvre]「前菜」
main dish / course「メイン・ディッシュ」
side dish「サイド・ディッシュ (添え料理)」
chef's special「シェフ (のおすすめ) 料理」
chef's salad「シェフ (のおすすめ) サラダ」
vegetarian dish / menu「ベジタリアン料理 [メニュー]」

dessert「デザート」

■ **school**「学校」/ **club**「クラブ」

workshop「講習会」
fitness club「フィットネス・クラブ」
health club「ヘルス・クラブ（健康教室）」
workout class「エクササイズ教室」
weight loss「減量」
muscle toning / training「筋力トレーニング」
stretching「ストレッチング」

■ **cooking**「料理」

cut bread **into** 1/2-inch cubes「パンを2分の1インチ角に切る」
chop celery and onion「セロリとタマネギをぶつ切りにする」
tear lettuce and **place** in a large bowl
「レタスをちぎって大きなボールにおく」

combine flour, baking powder and brown sugar
「小麦粉とベーキングパウダーとブラウンシュガーを混ぜる」

mix well and **set aside**「よくかき混ぜ，脇に置いておく」
mash garlic and anchovy paste together
「ニンニクとアンチョビー・ペーストを一緒にすりつぶす」

toss with minced garlic「すりつぶしたニンニクであえる」
season with salt and pepper「塩とコショウで味付けをする」
add cheese and lemon juice
「チーズとレモンジュースを加える」

sprinkle with Parmesan cheese
「パルメザンチーズを振りかける」

cover with aluminum foil「アルミホイルで覆う」
refrigerate for about 1 hour「約1時間冷蔵する」

PART 4

boil water「お湯を沸かす」

grease the pan with butter in advance
「前もって平なべにバターを塗っておく」

preheat oven to 375°「オーブンを前もって375度にしておく」

sauté [soutéi] potatoes「ジャガイモを(軽く)炒める」

roast turkey in the oven for 1 1/2 to 2 1/2 hours
「七面鳥をオーブンで1時間半から2時間半ローストする」

grill the steaks until desired doneness
「ステーキを好みの具合に焼く(グリルする)」

bake at 350° until crisp, about 10 minutes
「350度で約10分間,カリカリになるまで焼く」

slice and serve with vegetables「切って,野菜を添えてだす」

PART

5・6

短文・長文穴埋め問題

PART 5・6

Part 5・6のポイント

　Part 5 と Part 6 は，問題文の空所に入る適切なものを，選択肢（4つ）の中から選ぶ問題です。

　Part 5 は，1つの英文に1つの空所があり，全部で40問出題されます。

　Part 6 は，3つの空所がある長文（100〜150語程度）が4題出題されます。問題数は全部で12問です。

　実際のテストで示される指示文は214ページに掲載してあります。

● Part 5・6にでる英文

　これらのパートでは，「文法」と「語彙」の能力が問われますが，それほど高度なものではありません。「文法」の項目は，高校の基本的なものです。「語彙」は，問題文や選択肢に，比較的高度な単語が並ぶので，一見，難しそうです。しかし，問題をよく見れば，それらのすべてが問われているわけではないことが分かります。驚くにはあたりません。

　Part 6 の問題に使われる英文は，手紙文や掲示文など，Part 7 と同じ分野のものが使われます（286ページ参照）。空所に与えられる選択肢は，Part 5 の6つのパターンと同じです。ただし，出題の傾向は，(5)「類義語」がやや多くなっていて，文脈で適切な語を判断しなければならないものがあります。

●問題パターン別でる順

　Part 5・6の問題は，選択肢に並ぶ語の種類によって，次の6つのパターンに分けられます。

(1) 基本語（前置詞・接続詞・形容詞・副詞・関係詞など）

　選択肢に，同じ品詞の基本語が並ぶ問題です。基本語の意味や用法が問われます。ただし，選択肢が前置詞のときは，(6)の熟語・連語問題であることのほうが多いので，先にそちらを検討します。（→「文法のまとめ」p. 289）

PART 5・6　短文・長文穴埋め問題

Part 5・6 のポイント

(2) 派生語（名詞形・動詞形・形容詞形・副詞形など）

選択肢に，同一語の派生語が並んでいます。空所に入る語の品詞を問う問題です。品詞を決める「接尾辞」がポイントになります（→「接尾辞のまとめ」p. 274）。

(3) 類型語

形が似ている語が並びます（品詞は同じことが多い）。文脈・文意から適切な語を選ぶ，典型的な語彙問題です。形が似ている語では，「語根」が同じか，「接頭辞・接尾辞」が同じということが多いので，これらの知識が役立ちます。（→「同根語のまとめ」p. 279,「類似語のまとめ」p. 284）。

(4) 活用［変化］形の問題（動詞・形容詞・代名詞など）

選択肢に，動詞の活用［変化］形が並んでいる問題です。動詞の基本的な用法が問われています。動詞の時制や自動詞・他動詞などに注意します（→「文法のまとめ—2. 動詞」p. 293）。

動詞のほかに，わずかに，代名詞の「格」や，形容詞の「比較形」も出題されることがあります。

(5) 類義語

似た意味の語が並びます（同一の品詞のことが多い）。単語の「語法」や，「特定の語とのつながり（コロケーション）」が問われます。一番やっかいな問題パターンですが，その半数は，連語のようにして覚えておけばよいものです。

(6) 熟語・連語

空欄が熟語・連語の一部になっている問題です。(1) 〜 (5) に分類できるものでも，同時に，熟語・連語にもなっているものもあります。見方にもよりますが，おおまかに**4題に1題**は，熟語・連語に関連していると言えます。

（「練習」には，例として3題のみ入れておきました。頻出の熟語・連語について詳しくは，『TOEIC®テストに でる順英熟語』を参照してください）

PART 5・6 短文・長文穴埋め問題

Part 5・6 の問題形式

以下の指示文が問題用紙に印刷されています。この部分は，毎回同じですから，試験場で読む必要はありません。

PART 5

Directions: A word or phrase is missing in each of the sentences below. Four answer choices are given below each sentence. Select the best answer to complete the sentence. Then mark the letter (A), (B), (C), or (D) on your answer sheet.

[訳]
指示文：以下の各文には語（句）が欠けています。各文の下の4つの答え（A），(B)，(C)，(D)から，文を完成させるのに最も適切なものを選び，解答用紙にマークしなさい。

PART 6

Directions: Read the texts that follow. A word or phrase is missing in some of the sentences. Four answer choices are given below each of the sentences. Select the best answer to complete the text. Then mark the letter (A), (B), (C), or (D) on your answer sheet.

Part 5・6 の問題形式

[訳]
指示文：文章を読みます。いくつかの文の語（句）が欠けています。各文の下の4つの答え (A), (B), (C), (D) から，文章を完成させるのに最も適切なものを選び，解答用紙にマークしなさい。

PART 5・6 短文・長文穴埋め問題

ワン・ポイント

①選択肢の単語を見くらべて，問題パターンを判定します。正しい品詞を選ぶ問題であれば，多くの場合，文意を読み取らなくても空欄に入る品詞を推定することができます。

②空欄の前後を見て，空欄の語が熟語の一部になっていないかを判断します。特に，選択肢に前置詞が並ぶときは，熟語の一部である可能性が高いです。

③文章に目を通します。①②で，すでに解答が推定できているときは，文意から確認をします。推定できていない場合は，問題パターンごとのポイントに従って，解答を推定します（練習問題の「解説」参照）。

1. 基本語

練習 次の英文の空欄に入る語（句）を (A)〜(D) から選びなさい。

① 前置詞

◆時

(1) The Annual General Meeting will take place on Tuesday at 9:00 _____ the morning.
(A) at (B) in (C) on
(D) for

(2) All southbound lanes on I-405 will be closed _____ two nights this weekend to repaint, and in some cases, change the traffic lanes.
(A) in (B) for (C) with
(D) at

(3) Summer camps are an ideal way of entertaining and supporting youth activities _____ the school holidays.
(A) at (B) during (C) in
(D) while

(4) The film is still being shot and edited but will be finished _____ a month or two.
(A) about (B) until (C) in
(D) of

1. 基本語

解答と解説

前置詞の基本の意味を問う問題です。by と until などの使い分けが紛らわしいものが出題されます。

(1) (B) in

morning「朝，午前」というような，一定の幅がある時間を言うときは in を使います。in the morning/afternoon/evening などは，連語として覚えてしまいたいものです。take place「行われる，起こる」

♣ at〔時の一点〕，in〔一定の時間〕，on〔特定の日〕，for〔時の長さ〕

訳 年次総会は火曜日の午前9時に行われます。

(2) (B) for

two nights「2晩」のように，「時の長さ(期間)」を表すときは for を使います。

訳 I-405 の南行きの全レーンは，今週末の2晩，塗装直しと，場合により一部車線変更のため封鎖されます。

(3) (B) during

問題文の意味は「学校の(夏)休み中」と考えられますので，「期間」を表す前置詞 during が適切です。(D) while は接続詞なので，ここでは不適です (→「接続詞」p. 332)。

♣ for は，単に時間の「長さ」を示すのに対して，during は，the や the に準じる語 (→ p. 307) のついた，特定の「期間(を通して)」というときに使います。

訳 サマーキャンプは，学校の休みの間，若者の活動を楽しいものにし，支援するのに理想的な手段です。

(4) (C) in

文意は「1, 2カ月後には」と推測されますので，「(今から)〜の後に，〜たって」の意味を持つ (C) in が適切です。

♣ till/until「〜までずっと」〔継続〕，by「〜までに」〔期限〕，in/after「〜以内[後]に」〔時間の経過〕，within「〜以内に」〔期間の制限〕

訳 その映画はまだ撮影と編集が行われていて，終了するには1, 2カ月かかるでしょう。

(5) The Natural Heritage Trust has agreed to reintroduce the beaver, which has been <u>extinct</u> in this area _____ the 12th century.
(A) for (B) from (C) since
(D) until

◆場　所

(6) This is your captain speaking. We will be landing _____ New York's JFK Airport in five minutes.
(A) with (B) into (C) in
(D) for

(7) A public parking lot is located _____ the corner of Main and 3rd Street, just passed the Federal Building.
(A) on (B) under (C) in
(D) over

(8) Parking along the highways is illegal, so don't be tempted to leave your car _____ the road while hiking up that nearby hill.
(A) among (B) between (C) from
(D) beside

◆その他 (所有・関係・程度・手段・単位)

(9) Guatemala City is the capital _____ the country, situated about 4,000 feet above sea level on a broad plateau of the Sierra Madre.
(A) in (B) to (C) for
(D) of

1. 基本語

(5) (C) since

ポイントは完了形の文ということです。文意は「12世紀以来（ずっと）」となりますので、「継続」を表す since を使います。from は「起点」を表すので、ここでは不適です。

訳 ナチュラル・ヘリテッジ・トラストは、その地域では12世紀から姿を消していたビーバーを再度持ち込むことに同意した。

(6) (C) in

問題文は飛行機の機長のアナウンス。「空港」に着陸する（land）ということから、空欄には in が適切です。

♣ at〔地点・狭い場所〕, in〔囲まれた中・広い場所〕, on〔特定の場所〕

訳 機長からお知らせします。あと5分でニューヨークJFK空港に着陸いたします。

(7) (A) on

the corner of「～の角」という特定の場所を表す前置詞を選びます。on the corner of で「～の角に」。be located in/at/on「～に位置する[ある]」。in the corner of は囲まれた空間内での「角」を表します。

訳 公営の駐車場は、連邦ビルを過ぎてすぐ、本通りと3番通りの角に位置しています。

(8) (D) beside

問題文が違法駐車に対する注意と分かれば、beside the road「道路脇に」が推測できます。be tempted to do「～したくなる」

♣ beside「～の隣に、～と並んで」, inside「～の内部［内側］に」, by「～のそばに」

訳 ハイウエーで駐車することは違法ですから、近くの丘にハイキングするときに、車を道路脇に置いていきたいと思ったりしてはいけません。

(9) (D) of

the capital of で「～の首都」の意味。この of は「～の」〔所属〕を表します。be situated at/in/on「～に位置している［ある］」

訳 グアテマラ市はその国の首都で、シエラマドレ山系の広大な高原、海抜約4千フィートに位置します。

PART 5・6 短文・長文穴埋め問題

(10) This is the first book _____ XML, and the first overall discussion of the technology written for business people.
(A) on (B) in (C) at
(D) to

(11) Last week, the purchase index reached a record high and the refinance index increased _____ over 51 percent.
(A) by (B) in (C) onto
(D) with

(12) We will do all we can, _____ the limits of the library budget, to help in securing the materials you need.
(A) among (B) about (C) within
(D) onto

(13) A Hong Kong-based company purchased the Brazilian air carrier, Braz Airline, _____ $2 million.
(A) by (B) for (C) in
(D) on

(14) "The Book of Tea" has been _____ the most widely read English works about Japan.
(A) about (B) among (C) beyond
(D) within

1. 基本語

(10) (A) on

book と XML の間に入る前置詞なので,「〜に関する, 〜についての」の意味を持つ on が適切です。

訳 これは XML に関する初めての本で, 企業人向けに書かれた, この技術についての初めての総合的論文となっている。

(11) (A) by

increase by 〜 % で「〜%増える」の意味。この by は「〜だけ, 〜の差で」(程度・単位) を表します。

訳 先週, 購買指数は最高値を示し, 再融資指数は51%以上あがった。

(12) (C) within

the limits of the (library) budget「(図書館) 予算の枠」の前に入るのは,「〜の範囲内で [に]」の意味を持つ within が適切です。within the limits of「〜の制限 [範囲] 内で」。

訳 私たちは, 図書館予算の限度内で, あなたがたが必要とするものを確保できるよう全力を尽くします。

(13) (B) for

動詞が purchased「購入した」で, 金額の前が空欄ですから,「(ある金額) で」を示す前置詞 for が適切です。purchase / buy 〜 for ...「〜を…(金額) で購入する」。

訳 香港を拠点とする会社がブラジルの航空会社, ブラズ・エアラインを200万ドルで購入した。

(14) (B) among

「〜 (グループ) の中に」を表す among が適切です。among は, ふつう「(3つ以上の物) の中で [に]」の意味ですが, この問題のように「among the ＋最上級 ...」で「最も〜なものの1つ」(＝ one of the 最上級 ...) を表すこともあります。work(s)「著作, 出版物」

訳 『茶の本』は日本に関する英語の本で, 最も幅広く読まれているものの1つだ。

② 接続詞

◆並列・逆接・同格

(15) In this historic town, you can have a picnic lunch in the park, coffee in the cafe, _____ a cool drink in the nearby pub.
(A) but (B) since (C) nor (D) or

(16) Hardware is constantly advancing, so it is important to consider what you need today _____ what you may need in two or three years.
(A) or (B) and (C) nor (D) but

(17) The fact _____ a certain opinion is widely held does not mean that it is not utterly absurd.
(A) because (B) that (C) which (D) with which

◆時

(18) The suspect was able to flee the scene _____ police arrived.
(A) because (B) since (C) till (D) before

(19) We will continue to charge your credit card _____ we get a written cancellation notice.
(A) because (B) that (C) until (D) when

1. 基本語

文意に合う接続詞を選ぶ問題です（→「接続詞の意味」p. 332）。

選択肢の中に，同じような意味の前置詞や他の品詞の語が入っていて，正しい品詞を選ぶ問題になっていることもあります。

(15) (D) or

選択するものが3つ列挙されている文です。A, B or C（= A or B or C）のように or を用います。

訳 この歴史のある町で，公園でピクニックのお弁当を食べたり，喫茶店でコーヒーを飲んだり，近くのパブで冷たいものを飲んだりすることができます。

(16) (B) and

consider の目的語の what 節が2つ並置されています。このように目的語が長いフレーズのときもありますので，しっかり構文をつかむようにします。

訳 ハードウエアは絶え間なく向上しているので，今日必要なものと，2, 3 年先に必要になるであろうものとをよく考えることが大切だ。

(17) (B) that

同格の接続詞 that の問題です。the fact that ... で「…であるという事実」の意味です。この文の動詞は (does not) mean で，その後の that 節の目的語です。

訳 ある意見が広く受け入れられているという事実は，必ずしも，それが，全くばかげたものではないということを意味しない〔広く受け入れられている意見にも，全くばかげたものがある〕。

(18) (D) before

空欄の後の「警察が到着した」と，空欄の前の「逃げることができた」とを，文意が通じるように接続詞でつなぐ問題です。(A)，(B) では「警察が到着した」ことが「逃走」の理由になってしまうので不自然です。flee「逃走する，逃げる」，the scene「（事件などの）現場」

訳 容疑者は警察が到着する前に現場から逃走できた。

(19) (C) until

前の文「請求を続ける」に，後の文「通知を受け取る」を文意が通じるようにつなげるには，until「～するまで」が適切です。

訳 書面での解約通知を受領するまで，クレジットカードの請求は継続します。

PART 5・6 短文・長文穴埋め問題

(20) We will automatically return your deposit _____ you cancel your subscription.

(A) during (B) soon (C) when
(D) until

(21) _____ you are waiting for your food, consider drinking plenty of water. This will prevent you from eating excessively.

(A) During (B) After (C) Before
(D) While

◆理由・条件・譲歩

(22) _____ it was Angela's 9th birthday, her mother decided to throw her a party.

(A) Although (B) Unless (C) Because
(D) While

(23) _____ it was late in the evening, the traffic was still quite heavy.

(A) Although (B) Since (C) Until
(D) Whether

(24) All I could find was one obscure reference, _____ I checked a number of sources.

(A) unless (B) however (C) since
(D) even though

1. 基本語

(20) (C) when

空欄には接続詞が入ります。(C) と (D) が接続詞ですが,「キャンセルする」と「返金する」の時間の関係が合うのは when「~するときに」です。deposit「保証金, 頭金」, subscription「定期購読」

♣ (19), (20) で, 空欄の後が現在時制になっていることに注意。「時」を表す接続詞の後は, 未来のことでも現在時制にします。

訳 定期購読をキャンセルする**とき**は, 自動的に保証金はお返しします。

(21) (D) While

空欄の後が進行形の文になっていることに注目します。接続詞は「~している間は[に]」の意味の while が適切なことが分かります。during は前置詞なので不適切です。prevent A from B「A を B から防ぐ」

訳 食事を待っている**間に**, 多量の水を飲むことを考慮に入れてみなさい。そうすることで食べすぎを防げます。

(22) (C) Because

後に it was ... と文の形が続くので, 空欄には接続詞が入ることが分かります。そして, この部分が, her 以下の主節の「理由」を表しています。したがって,「~なので」の意味の because が適切です。throw / give / have a party「パーティーを開く」

訳 アンジェラの 9 歳の誕生日だった**ので**, 母親はパーティーを開くことにした。

(23) (A) Although

主節に still「依然として」とあるので, 前の文は「~だけれども」という「譲歩」の意味を表していることが分かります。

訳 夜遅かった**にもかかわらず**, 交通はまだ, ひどく渋滞が続いていた。

(24) (D) even though

All ... is / was A は,「…は, わずかに A だけだ」と, 少ないことを強調する表現です。したがって, 後の部分は「~したにもかかわらず」という「譲歩」の文であることが推測できます。

♣ however は「however + 形容詞[副詞]」の形で「どんなに~であっても」という意味の「譲歩」を表します。

訳 数多くの資料を調べて**みたが**, 1 つのあいまいな参照文献しか見つけられなかった。

PART 5・6 短文・長文穴埋め問題

225

(25) _____ about 40% of respondents felt that it was a good idea, even more (42%) were unsure.
   (A) As   (B) Since   (C) Unless   (D) While

③ 副詞

(26) Garbage is collected _____. Please keep toys, bicycles, and other items away from the curb on collection days.
   (A) always   (B) usually   (C) rarely   (D) twice a week

(27) Have you tried any products similar to this one _____?
   (A) before   (B) ago   (C) never   (D) seldom

(28) While the life of Abraham Lincoln is well documented, the spiritual side of this great man has _____ been reported.
   (A) ever   (B) rare   (C) seldom   (D) usually

(29) Taste of India is a good restaurant by any standard and surely the best Indian-style restaurant Boston has _____ had.
   (A) always   (B) rarely   (C) once   (D) ever

1. 基本語

(25) (D) While

後半に even more ...「さらに多くの…が」とあるので，空欄には「譲歩」を表す接続詞が入ります。選択肢では，(D) while「〜であるが」が適切です。

訳 回答者の約 40%がそれが名案であるとしたのに対し，さらに多く（42%）が分からないと答えた。

(26) (D) twice a week

選択肢は，すべて副詞［句］ですが，空欄の位置に入ることができるのは，(D) twice a week のみです（→「副詞の位置」p. 326）。keep *A* away from *B*「*A* を *B* から遠ざけておく」

♣副詞の位置は Part VI でもよく出題されます。

訳 ゴミは週に 2 回収集されます。収集日には，玩具，自転車，その他のものを歩道の脇に出さないようにしてください。

(27) (A) before

Have you tried ...? と，「経験」を問う疑問文なので，空欄には「以前に」の意味の副詞が入ります。これは (A) before が適切です。(B) ago は単独では使えません（→ p. 328）。(C), (D) は，ふつう，この位置には入りません（→ p. 326）。

訳 以前にこれと似たほかのものを試してみたことはありますか。

(28) (C) seldom

助動詞と動詞の間（has ... been）に入るのは副詞です。ポイントは第 1 文が While ... is well documented「…はよく記録されたけれども」となっていることです。第 2 文では，否定的な内容がくることが予想されます。(B) の rare は形容詞です。

訳 アブラハム・リンカーンの生涯は，多くの文献に記録されているが，この偉大な人物の精神面はほとんど報じられてこなかった。

(29) (D) ever

the best *A* (that) *B* has ... had「*B* が持った中で最もよい *A*」の形です。空欄には最上級を「いままでで（一番）」と強調する ever が入ります。by any standard「いかなる規準からしても」

訳 テイスト・オブ・インディアはどのような規準でもよいレストランで，確実にこれまでボストンにあった中で，最もよいインド料理のレストランだ。

(30) The company has _____ done some preliminary work on choosing a location for the new office building.
(A) still (B) yet (C) already
(D) soon

(31) If tuition fees are _____ unpaid four weeks after the due date, you will be asked to leave the University.
(A) already (B) until (C) still
(D) ever

(32) When the performance was _____, the audience applauded loudly; no one seemed to want to leave.
(A) by (B) over (C) off
(D) on

④ 形容詞

◆数量を表す形容詞

(33) We couldn't get out of the building because there were too _____ people at the entrance.
(A) some (B) many (C) much
(D) plenty

(34) Sun Corporation announced _____ new products during the first quarter of 2004.
(A) none (B) any (C) another
(D) several

1. 基本語

(30) (C) already

　　has ... done には,「完了」の意味を強調する副詞が入ります。preliminary「準備の, 予備的な」

　　訳 その会社は新社屋の場所を選ぶために, **既に**準備作業を行っていた。

(31) (C) still

　　空欄には副詞が入りますから, (B) は除外されます。If ... are ... unpaid「もし未納なら」という現在時制で動詞を強調できるのは, (C) still「依然として」です。(A), (D) は完了または過去時制で使います。tuition fees「授業料」

　　訳 期限後4週間して, 授業料が**まだ**未納のときは, 大学を退学するよう求められます。

(32) (B) over

　　空欄に入るのは,「終わって, 済んで」の意味の over です。

　　♣副詞：by「そばに」, on「乗って, 作動して, 進んで〔動作の継続〕」, off「離れて, 休んで」, over「越えて, 終わって」

　　訳 演奏が**終わる**と聴衆は盛大に拍手をした。その場から立ち去りたいと思う者はいないようだった。

(33) (B) many

　　空欄の前に too「あまりに」があり, 後には数えられる名詞 (people) がありますので, (B) many が適切です。(D) plenty は plenty of の形で many, much 両方の意味に使えます。

　　♣以下,「数量を表す語」について, 詳しくは→ p. 315。

　　訳 出入り口にあまりに**大勢の**人がいたので, 私たちはその建物から出ることができなかった。

(34) (D) several

　　選択肢で複数名詞 (new products) を修飾できるのは (D) several です。(A) none は, ふつう none of ... の形で使います。the first quarter「第1四半期」

　　訳 サン・コーポレーションは2004年の第1四半期中に**いくつかの**新製品を発表した。

PART 5・6 短文・長文穴埋め問題

(35) If there is not _____ room for the wisdom tooth, it will become embedded against the tooth in front of it.
(A) enough (B) many (C) very
(D) few

(36) The emergency exits are located on _____ side of the plane over the wings.
(A) all (B) both (C) other
(D) either

⑤ 関係詞

(37) Australia Airlines will provide a 25% discount to participants _____ fly to Sydney no earlier than one week before the conference.
(A) they (B) who (C) which
(D) whom

(38) The meeting _____ was scheduled for August 11 will be postponed until August 18 because the father of one of our members just passed away.
(A) that (B) whose (C) it
(D) who

(39) I visited the house in _____ my grandfather was born, but no one was living there.
(A) which (B) that (C) what
(D) where

1. 基本語

(35) (A) enough

単数形で前に冠詞がついていないので，この文の room は「空間，余地」の意味です。文意が通じるのは (A) enough「十分な」です。(B) と (D) は複数名詞に使うので除外でき，(C) very は副詞ですから，この位置には入れません。wisdom tooth「親知らず」，embedded「埋め込まれた」

> 訳 親知らずに**十分な**余地がない場合，それは，前にある歯にひっかかって埋もれてしまうだろう。

(36) (D) either

可算名詞の単数形 (side) を修飾できるのは (D) either です。emergency exits（複数）とありますので，on either side は「どちらか」ではなく「両方の」(on both sides) の意味になります (→ p. 321)。

> 訳 非常口は飛行機の**両側**，翼の上方に位置しています。

(37) (B) who

前に名詞 (participants) があり，後ろには動詞 (fly) がありますので，主格の関係代名詞がくることが推測できます。先行詞は「人」ですから，(B) who が適切です。participant「参加者，関係者」

> 訳 オーストラリア航空は，会議の前1週間以内にシドニー行きの飛行機に乗る参加者には，25％の割引を行います。

(38) (A) that

空欄の後ろに動詞が2つ (was scheduled と will be postponed) あるので，was ... は，関係詞に続く動詞と推測できます。先行詞は meeting です。選択肢の中で「物・事」を先行詞にする関係代名詞は (A) that です。pass away「他界する，亡くなる」

> 訳 8月11日に予定されていた会議は8月18日まで延期されるだろう。というのはメンバーの1人の父親がつい最近亡くなったからだ。

(39) (A) which

空欄の前に in，後に「主語＋動詞」があるので，「前置詞＋関係代名詞」の形と推測できます。先行詞は house ですから，空欄には (A) which が入ります。(B) that は，この形では使えません。

> 訳 私は祖父が生まれた家を訪ねたが，そこは空き家となっていた。

(40) The discount program, _____ will be announced today in Washington, is expected to help low-income elderly people.

(A) when (B) who (C) it (D) which

1. 基本語

(40) (D) which

　コンマ (,) が2つあるので，空欄の語に続く節が The discount program を補足的に説明していることが分かります。したがって，空欄には継続用法の関係代名詞が入ります。先行詞は program ですから，適切なものは (D) which です。*be* expected to *do*「〜すると思われている」

> **訳** 割引計画は，今日ワシントンで発表される予定だが，高齢の低所得者の助けとなると考えられている。

2. 活用 [変化] 形の問題

練習 次の英文の空欄に入る語 (句) を (A)〜(D) から選びなさい。

① 数・時制 (一致)

(1) Most of the books in this list _____ still copyrighted.
 (A) am (B) is (C) are
 (D) being

(2) The cost of all hikes _____ pack lunches, drinking water, and boat fare.
 (A) to include (B) includes (C) including
 (D) include

(3) I often _____ care of his pets while he was away on business trips.
 (A) will taker (B) took (C) takes
 (D) taking

(4) For your convenience, we have _____ for transportation to the conference.
 (A) arrange (B) arranged (C) arranges
 (D) arranging

(5) The report showed that industrial production and the money supply was growing far faster than the government _____ .
 (A) had expected (B) expect (C) are expecting
 (D) will expect

2. 活用 [変化] 形の問題

解答と解説

(1) (C) are

主語と動詞の「数」を一致させる問題です。Most of the books は複数ですから，be 動詞も複数形を選びます。copyright「〜の著作権をとる」

訳 このリストにある本の大半はいまだ著作権で保護されている。

(2) (B) includes

The cost は単数形ですから，3人称単数扱いです（時制は現在）。この文のように「単数名詞 of + 複数名詞」の後の動詞がよく出題されます。

訳 すべてのハイキング費用には，お弁当，飲料水，船代が含まれています。

(3) (B) took

「時制」の一致の問題です。while 以下の節が過去時制なので，空欄の動詞も過去にします。take care of「〜の世話をする」, on business trip「出張で」

訳 私は彼が仕事で出張の間，よく彼のペットの面倒を見ていた。

(4) (B) arranged

have の後が空欄で，選択肢は動詞の活用形ですから，現在完了形にすることが分かります。

訳 ご都合のよろしいように，私どもで，会議への交通機関（の切符）を手配いたしました。

(5) (A) had expected

... was growing（過去時制）に対して，government が予想する（expect）のはそれ以前と考えられますから，過去完了形にします。

訳 その報告書は，政府が予想したよりもずっと速く工業生産と資金供給が増加したことを示していた。

(6) If the item is damaged or defective, we _____ it without any cost to you.
　(A) will replace　(B) replaces　(C) are replacing
　(D) replaced

(7) If you hear the evacuation alarm, _____ the building quickly.
　(A) leaves　(B) will leave　(C) is leaving
　(D) leave

(8) I _____ more organic products if I knew where to get them.
　(A) will buy　(B) had bought　(C) bought
　(D) would buy

(9) If they had been really serious about getting the job done, they _____ the deadline.
　(A) would meet　　(B) would have met
　(C) will meet　　(D) will have met

(10) At the time no one seems to _____ the significance of this invention.
　(A) be understood　(B) have been understood
　(C) understand　　(D) have understood

2．活用［変化］形の問題

(6) (A) will replace

「もし〜なら」という「条件」を示す文では，if 節の動詞を現在時制にして，後に続く節（帰結節）を未来時制にします。

訳 品物に何らかの破損や瑕疵があった場合，無償にて**お取り替えいたします**。

(7) (D) leave

If 節の後が空欄になっていて，選択肢には動詞の活用形がありますから，これは「条件文＋命令文」の問題です。

訳 もし退避［非常］ベルが鳴るのを聞いたら，すぐに建物から**出てください**。

(8) (D) would buy

if の後の動詞が過去ですから，現在の事実の反対のことを仮定する「仮定法過去」の問題です。主節の動詞は「would＋原形」の形をとります。

訳 どこで入手できるのか知っていれば，もっと有機栽培のものを**買うのだけど**。

(9) (B) would have met

if 節が過去完了なので，「仮定法過去完了」の問題です。主節の動詞は「would have ＋過去分詞」の形になります。meet a deadline「締め切りに間に合う」

訳 もし彼らが本気でその仕事をやろうと思っていたなら，締め切りに**間に合っただろうに**。

(10) (D) have understood

seem(s) to do の形ですが，ここでは At the time「当時は」とあるので，seem(s) より以前の時を示す seem(s) to have done の形にする必要があります。

訳 当時は誰もこの発明の意義を**理解**していなかったようである。

PART 5・6 短文・長文穴埋め問題

② 動名詞

(11) Around 30% of the target population is considering _____ a new computer or exchanging their old one for a new one.
 (A) buying (B) to buy (C) buy
 (D) bought

(12) When you are finished _____ pictures, remove the memory card from the digital camera and insert it into the memory card reader.
 (A) take (B) taken (C) taking
 (D) to take

(13) Thank you very much for _____ in this research. Before we begin, could you please tell me a few things about yourself.
 (A) participate (B) participating (C) participated
 (D) to participate

(14) According to the manufacturer, the new engine is capable of _____ carbon monoxide emissions more than 80 percent.
 (A) reduced (B) reducing (C) reduce
 (D) reduces

(15) The American people in general are opposed _____ part in the war.
 (A) took (B) to take (C) taking
 (D) to taking

2. 活用［変化］形の問題

(11) (A) buying

consider は目的語に動名詞 (-ing 形) をとる動詞です。

♣以下，目的語に動名詞をとる動詞については「文法のまとめ」を参照してください (→ p. 299)。

訳 対象となる人々の約 30％は，新しいコンピューターを購入するか，あるいは，古いものを新しいものに取り換えるかを考えている。

(12) (C) taking

finish は目的語に動名詞をとります。

訳 写真を撮り終えたら，デジタルカメラからメモリーカードを取り出して，メモリーカード・リーダーに差し込んでください。

(13) (B) participating

前置詞の後に動詞的な意味を続けるときは動名詞にします。
Thank you for *do*ing.「～してくれてありがとう」

訳 この調査に参加していただき，ありがとうございます。始める前に，ご自身のことについていくつかお聞かせください。

(14) (B) reducing

前問と同じく，前置詞の後ですから動名詞が入ります。*be* capable of *do*ing で「～する能力がある」の意味。emission「放出」

訳 メーカーによると，新しいエンジンは一酸化炭素 (CO) の放出を 80％以上減らすことができるということです。

(15) (D) to taking

be opposed to *do*ing で「～に反対している」の意味です。この to は前置詞です。不定詞の to と間違えやすいので注意します (→ p. 299)。in general「概して，一般に」，take part in「～に参加する」

訳 概して，アメリカ国民は，戦争に参加することについて反対している。

PART 5・6 短文・長文穴埋め問題

③ 不定詞

◆ V to *do*(目的語に to 不定詞をとる動詞)

(16) The company has decided _____ its business operations by streamlining its sales force and reducing overhead.
　　(A) restructure　　(B) restructuring
　　(C) to restructure　(D) to be restructured

(17) The landlord had promised many times _____ repairs but failed to do so.
　　(A) will make　(B) making　(C) to make
　　(D) makes

◆ V + O to *do* の形をとる動詞

(18) The challenges we face will require us _____ the way we do business today.
　　(A) changes　(B) to change　(C) changing
　　(D) change

(19) You are reminded _____ with your local JAL Office before departing for the airport.
　　(A) to check　(B) check　(C) be checked
　　(D) is checking

◆ 後置修飾

(20) With two and half weeks _____ before our current contract expires, I thought it best to give you an update on negotiations that are still pending.
　　(A) for going　(B) go　(C) going　(D) to go

2．活用［変化］形の問題

(16) (C) to restructure

decide は目的語に to 不定詞をとります。streamline「～を削減［合理化］する」

♣以下，目的語に不定詞をとる動詞については「文法のまとめ」を参照してください (→ p. 300)。

訳 その会社は，販売人員を合理化し経費を削減することで，企業運営を改革することを決めた。

(17) (C) to make

promise も後にくる動詞は to 不定詞の形をとります。make repairs「修理する」

訳 大家はリフォームすることを何度も約束したが，それをしなかった。

(18) (B) to change

require は，require *A* to *do*「(物・事が) *A* (人) に～することを要求する→ *A* が～することが必要である」の形をとります。

訳 我々が直面している課題に対処するためには，今日のビジネスのやり方を変えていくことが求められるだろう。

(19) (A) to check

問題文は remind *A* to *do*「*A* に～することを思い出させる」の受身形 (*A* is reminded to *do*) で，「～することを忘れないように」と忠告する婉曲表現。check with「～に問い合わせる」

訳 空港に向かう前に，地元の JAL の営業所に (確認の) 問い合わせをすることを忘れないように。

(20) (D) to go

to go が前の ... weeks を修飾する文です。この go は「(時が) 過ぎる」の意味。a week to go = a week left と考えます。expire「(有効期間が) 終了する」

訳 現在の契約が終了するまであと2週間半となりましたので，未解決の交渉の最新状況をお伝えしておくのがよいと思いました。

(21) The first factor _____ before processing your home loan is the amount you think you can pay each month.
 (A) for considering　(B) should be considered
 (C) considering　(D) to consider

◆原形不定詞

(22) Japan demanded that the U.S. _____ all slaughtered cattle for mad cow disease before resuming beef trade.
 (A) inspect　(B) will inspect　(C) to inspect
 (D) inspecting

(23) It is essential that your baby _____ properly harnessed into an infant car seat at all times in a moving vehicle, no matter how short the distance is.
 (A) is　(B) will be　(C) be
 (D) to be

(24) If you would like to have Santa _____ a present to your child, please contact us.
 (A) deliver　(B) to deliver　(C) delivering
 (D) delivers

(25) Mr. Ross got his lawyers _____ a separate document, which is dated July 10.
 (A) to prepare　(B) preparing　(C) prepare
 (D) prepared

2. 活用［変化］形の問題

(21) (D) to consider

　後に is があるので，The first factor（主語）... is（動詞）となる文です。したがって，空欄以下は factor を後ろから修飾しています。選択肢で適切な形は (D) です。このとき factor は consider の目的語の関係になります（that を使って書き換えると，... factor that we should consider ...）。

　訳 住宅ローンの手続きをする前に，第一に**考慮すべき要因**は，あなたが，毎月支払えると考える金額です。

(22) (A) inspect

　demand that ....「…ということを要求する」の文では，that 節の動詞を原形にします（→ p. 303）。slaughtered cattle「と殺牛」，mad cow disease「狂牛病」

　訳 日本は，牛肉の輸入を再開する前に合衆国がすべてのと殺牛について狂牛病**検査をする**よう求めた。

(23) (C) be

　It is essential that ....「…することは絶対必要である」の文では，that 節の動詞を原形にします（→ p. 304）。no matter how ...「どんなに…でも」，harness「結びつける，つなぐ」

　訳 移動中の車中では，たとえどんなに短距離でも，赤ちゃんをチャイルドシートに正しく座らせておくことが絶対必要です。

(24) (A) deliver

　have O ＋原形「O に～をさせる［してもらう］」の問題です（→ p. 302）。

　訳 もし，サンタに子どもへの贈り物を**届け**させたいとお思いでしたら，私どもにご連絡ください。

(25) (A) to prepare

　get O to *do*「O に～させる」の問題です。使役動詞の仲間でも，get は to が必要です（→ p. 302）。

　訳 ロス氏は弁護士に 7 月 10 日付の別の書類を**準備**させた。

(26) The Small Company Audit System will help you _____ out your work profitably and effectively.
(A) carry　　　(B) carried　　　(C) carrying
(D) to be carried

④ 分詞（形容詞用法）

※-ing形や-ed形で形容詞化しているもの（分詞形容詞）も，基本の考え方は同じですので，この項に含めておきます。

◆修飾（前置・後置）

(27) One of the most _____ developments in computing technology is virtual reality: computer based representation of objects.
(A) excited　　(B) exciting　　(C) excites
(D) excite

(28) Drought, floods, and high prices for _____ staple foods have left millions across southern Africa relying on handouts.
(A) import　　(B) imports　　(C) imported
(D) importing

(29) The lack of a well-developed bond market remains a _____ factor for the country's financial sector.
(A) limit　　　(B) limits　　　(C) limited
(D) limiting

(30) Four out of five elderly people _____ in this community are completely self-sufficient.
(A) live　　(B) lives　　(C) living　　(D) lived

2. 活用［変化］形の問題

(26) **(A) carry**

help O (to) *do*「O が〜するのを手伝う［助ける］」の問題です。to は省略されることが多いので，使役動詞と同じ形になります（→ p. 302）。carry out「〜を実行する」

　訳 スモールカンパニー・オーディッド・システムは，あなたがお仕事を有益に，かつ効率的に**実行する**のをお手伝いいたします。

(27) **(B) exciting**

the most ... developments に入るのは形容詞なので，(A) か (B) ですが，ここでは能動的な意味の exciting「興奮させるような」が適切です。

♣ -ing 形と -ed 形の意味の違いは p. 324 参照。

　訳 コンピューター技術で最も**エキサイティング**な発展の1つは，バーチャルリアリティ，すなわちコンピューターによる対象物の描写です。

(28) **(C) imported**

staple foods「主要食料」を修飾する形容詞としては imported「輸入された」が適切です。「leave + O + -ing 形」で「〜を…（の状態）にしておく」の意味です。drought「干ばつ」，handout「施し物」

　訳 干ばつや洪水，**輸入**主要食料の価格の高騰により，アフリカ南部各地の何百万もの人々が，施し物に頼って暮らす状態に置かれている。

(29) **(D) limiting**

a ... factor には形容詞が入ります。(C) か (D) のいずれかですが，能動的な意味の limiting「（情勢・状況などを）限定する」が適切です。a limiting factor で「限定［制限］要因」。bond「債券」

　訳 十分に発達した債券市場がないことが，依然として，国の金融部門の**制限**要因になっている。

(30) **(C) living**

... elderly people（主語）... are（動詞）が文の基本構造で，空欄以下の語句が people を後ろから修飾しています。live in ... の -ing 形が適切です。self-sufficient「自給自足の，自立している」

　訳 この地域で**生活している**高齢者5人のうち4人が，完全に自立した生活をしている。

(31) Please use the parking spaces _____ for visitors.
　(A) be designating　(B) are designating
　(C) were designated　(D) designated

◆補　語
(32) It was _____ that so many patients reported pain relief just from a sham operation.
　(A) surprised　(B) surprises　(C) surprise
　(D) surprising

(33) The opposition's arguments were so _____ that the measure was defeated by a 5-3 vote.
　(A) convinces　(B) convinced　(C) convincing
　(D) convince

(34) We must not get _____ when an opportunity fails to meet our expectations. That is the nature of opportunity.
　(A) discouragement　(B) discourage
　(C) discouraging　(D) discouraged

(35) If you would like to have the bouquet _____ during the morning session, we recommend that you place your order the day before delivery day.
　(A) deliver　(B) to deliver　(C) delivered
　(D) delivering

2. 活用［変化］形の問題

(31) (D) designated

parking spaces を後ろから修飾しています。designate「～に指定する」の-ed 形「指定された」が適切です。

訳 来訪者用に**指定された**駐車スペースをご利用ください。

(32) (D) surprising

was の後なので，(A) と (D) が可能ですが，意味の上から (D) が適切です。It was surprising that ...「それ (that 以下のこと) は驚くべきことだった」。sham「にせの，見せかけの」

訳 非常に多くの患者が，単なるみせかけの手術によって痛みが和らいだと報告しているのは**驚くべきこと**だった。

(33) (C) convincing

were so ... that には形容詞が入るので，(B)，(C) ともに可能ですが，文意が成立するのは (C) です。

訳 反対派の主張は**説得力**があったので，その議案は5対3で却下された。

(34) (D) discouraged

「be / get ＋感情表現の-ed 形」の問題です (→ p. 324)。get discouraged で「落胆する」，the nature of「～の特質・本質」

訳 好機と思ったものが期待に反したからといって**落胆**してはいけない。好機とはそういうものなのである。

(35) (C) delivered

「have ＋ O (the bouquet) ＋ ...」の形です。「(花束が) ～される (ようにする)」という意味になる語を入れます (→ p. 306)。bouquet「花束」，place *one's* / an order「注文する」

訳 午前の部に花束を**届け**たいとお思いでしたら，配達日の前日に，注文しておくことをお勧めいたします。

(36) "QUIET!" She commanded, attempting to make herself _____ over the crowd.
(A) hearing (B) to hear (C) hear
(D) heard

(37) When you hear the name of the book you are looking for _____, please come to the counter.
(A) called (B) call (C) calling
(D) to be called

(38) The list will be sent by mail. Please add $20 if you want the list _____ by Federal Express.
(A) be sent (B) sending (C) being sent
(D) sent

⑤ 代名詞・形容詞

◆代名詞 (一致)

(39) Once you know what your principles are, do your best to live up to _____.
(A) they (B) their (C) theirs
(D) them

◆形容詞 (比較)

(40) One of the _____ results of the testing was the strength of the material to withstand pressure.
(A) impressive (B) more impressive
(C) impressively (D) most impressive

2．活用［変化］形の問題

(36) (D) heard

「make + O (*one*self) + ...」の形。「(自分自身が) ～される (ようにする)」という意味にします (→ p. 306)。attempt to *do*「～しようと試みる」

訳　彼女は，自分の言うことを**聞かせ**ようとして，群集に向かって「静かにしなさい！」と命じた。

(37) (A) called

「hear + O (the name) + ...」の形。「(名前が) ～される (のを聞く)」となるようにします (→ p. 306)。name を修飾する of the ... for という長い句に惑わされないようにしましょう。

訳　お探しの本の名前が**呼ばれる**のを聞いたら，どうぞカウンターへお越しください。

(38) (D) sent

「want + O (the list) + ...」の形。「(リストが) ～される (のを望む)」となるようにします (→ p. 306)。

訳　そのリストは郵便で送られます。もし宅配便で**送って**ほしい場合は 20 ドルを追加してください。

(39) (D) them

前置詞の後にくる代名詞は「目的格」です。live up to「(主義・信念など) に従って生きる」

訳　ひとたび自分の信念を見いだしたなら，**その信念**を貫くために最善を尽くしなさい。

(40) (D) most impressive

One of the ... results には最上級の形容詞が入ります。(B) や (D) から impressive「印象的な」は more, most をつけて比較級・最上級をつくる形容詞であることが分かります。

訳　試験の結果で**最も印象的な**ことは，その物質の圧力に耐える強さでした。

3. 派生語の問題 (正しい品詞を選ぶ)

練習 次の英文の空欄に入る語 (句) を (A)〜(D) から選びなさい。

① 動詞 ⇒ 名詞 (-ion), 形容詞 (-ive, -able, -ional)

(1) This is one of the best presentations I have ever heard. Mr. Taylor held my _____ for the entire hour.
 (A) attentive (B) attentively (C) attention
 (D) attend

(2) Unfortunately telephone _____ are unavailable at present as we are in the process of shifting into another building.
 (A) extensions (B) extending (C) extended
 (D) extends

(3) We should emphasize that this is a _____ market and if customers are unhappy they will switch suppliers.
 (A) compete (B) competitive (C) competition
 (D) competitively

(4) We have a long history of success in this area as a result of _____ marketing strategies.
 (A) aggression (B) aggressing (C) aggressed
 (D) aggressive

(5) A game that is too easy is just as bad as a game that is too hard or a game that is too _____ .
 (A) repeat (B) repetitive (C) repetition
 (D) repetitively

3. 派生語の問題

解答と解説

(1) (C) attention

hold my ...「私の…をつかむ」で、空欄には名詞が入ります。選択肢は、(A) -tive 形、(B) -ly 副、(C) -tion 名、(D) 動「(注意して)聞く」。hold *one's* attention「(人)の注意を引きつける」

♣以下、「接尾辞」については p. 274 を参照してください。

訳 これは私がこれまで聞いた中で一番いいプレゼンテーションだ。テイラー氏はずっと私の**注意**を引きつけた。

(2) (A) extensions

後ろに are unavailable とあるので、空欄には telephone ... で主語となるものが入ります。(A) の extensions を入れて、telephone extension(s)「(電話の)内線」とするのが適切です。(D) extend(s)「延長する」。*be* in the process of「〜の最中である」、shifting「移動」。

訳 あいにく、**内線**(電話)はただいま利用できません。小社は別のビルへ引っ越しの最中です。

(3) (B) competitive

a ... market「市場」の空欄には形容詞が適当です。選択肢は、(A) 動「競争する」、(B) -tive 形、(C) -tion 名、(D) -ly 副。

訳 これは**競争**(の激しい)市場であり、もし顧客が不満足なら、彼らは仕入先を替えるだろうということを強調したい。

(4) (D) aggressive

of ... marketing strategies の空欄に入るのは形容詞です。選択肢は、(A) -sion 名、(B) と (C) は aggress「攻撃する」の -ing 形と -ed 形、(D) -sive 形「攻撃的な、積極的な」。as a result of「〜の結果として」

訳 我々は**積極的な**マーケット戦略により、この分野で長く成功を収めてきた。

(5) (B) repetitive

a game that is (too) ... の形や、前の部分の too easy, too hard との呼応から、空欄に入るのは形容詞です。選択肢は、(A) 動「繰り返す」、(B) -tive 形、(C) -tion 名、(D) -ly 副。

訳 やさしすぎるゲームは、難しすぎるゲームや**繰り返し**の多いゲーム同様、よくない。

(6) The provider has demonstrated that the quality of learning online is _____ to the quality of traditional learning programs.
(A) comparable   (B) comparison   (C) comparing   (D) comparatively

(7) Due to the amount of digital pictures, please allow for _____ loading time.
(A) addition   (B) additive   (C) additionally   (D) additional

(8) The _____ of the new building will be completed by the end of this month.
(A) constructive   (B) construction   (C) construct   (D) constructed

② 動詞 ⇨ 名詞 (-ence), 名詞 (-ant「人」)

(9) The Program provides _____ to small businesses needing help with environmental issues.
(A) assist   (B) assistance   (C) assistant   (D) assisted

(10) We are trying to find healthier hospital-cleaning supplies and reduce our _____ on plastics.
(A) depends   (B) depending   (C) dependent   (D) dependence

3. 派生語の問題

(6) (A) comparable

空欄が be 動詞の後にあることに注意します。選択肢は，(A) -able 形，(B) 名，(D) -ly 副。(C) の -ing 形は進行形になりますが，文意が通じません。be comparable to で「～に匹敵する」の意味。

訳 そのプロバイダーは，オンライン学習の質は，従来の学習プログラムの質に**匹敵する**ものであると説明した。

(7) (D) additional

loading time「ロード時間」が for の目的語になっていますから，空欄に入るのは形容詞です。選択肢は，(A) -tion 名，(B) additive 名「添加剤」，(C) -ly 副，(D) -al 形 ((B) は -ive 型の形容詞でもありますが，あまり使われません)。allow for「～を見込む，考慮に入れる」

訳 デジタル画像の量のため，ロードに**余分な**時間がかかることをご了承ください。

(8) (B) construction

The ... of には名詞が入ります。選択肢は，(A) -tive 形，(B) -tion 名，(C) 動「建設する」，(D) -ed 形。

訳 新しい建物の**建設**は今月末までに完了するでしょう。

(9) (B) assistance

空欄には provide「提供する」の目的語が入ります。選択肢は，(A) 動「助ける」，(B) -ance 名，(C) 名「アシスタント」，(D) -ed 形。文意から (C) は除外されます (仮に入るとしても冠詞をつけるか複数にする必要があります)。

訳 その計画は環境問題で**援助**を必要とする中小企業を支援するものです。

(10) (D) dependence

our に続くのは名詞です。選択肢は，(A) 動「頼る，依存する」，(B) -ing 形，(C) 形「頼っている」，(D) -ence 名。-ing 形も名詞として使いますが，特に意味上の主語を必要とするとき以外は，our などの限定詞をつけません。

訳 私たちは，より衛生的な病院清掃用品を探し，プラスチックへの**依存**を少なくするよう心がけています。

(11) To receive credit for certification each _____ is required to fill out the attached registration form.
　(A) attendant　(B) attendance　(C) attend
　(D) attended

③ 動詞 ⇨ 名詞 (-ment)

(12) China plans to speed up the economic and scientific _____ of its central and western areas.
　(A) development　(B) developed　(C) develops
　(D) developer

(13) Paul Medical Center maintains a strong _____ to the needs of its patients.
　(A) commit　(B) committing　(C) committee
　(D) commitment

④ 動詞 ⇨ 名詞 (-ure, al) ※語尾のeはなくなる

(14) The Chair of the committee will welcome and introduce all those present and explain the _____ for the meeting.
　(A) proceeding　(B) procedure　(C) proceed
　(D) procedural

(15) To avoid unnecessary _____ of time, effort, and resources, you should follow the directions described in this guidance.
　(A) expendable　(B) expenditure　(C) expense
　(D) expensiveness

3. 派生語の問題

(11) (A) attendant

To ... for certification までが修飾語句で，each ... が主語です。動詞 (is required to fill out) から，空欄には「人」が入ります。選択肢は，(A) -ant 名「出席者」，(B) -ance 名「出席」，(C) 動「出席する」，(D) -ed 形。「each +単数名詞」で「おのおのの～」。

訳 免許に必要な単位を得るには，**参加者**はそれぞれ，添付の申込書に記入していただく必要があります。

(12) (A) development

「the 形容詞 ...」が speed up の目的語になっています。選択肢は，(A) -ment 名，(B) -ed 形，(C) 動「発達させる」(3 単現)，(D) -er〔人〕。(D) は speed up の目的語には不適切です。

訳 中国は，中央・西部地域での経済的かつ科学的な**発展**を加速させることを計画している。

(13) (D) commitment

a strong ... なので，空欄には名詞が入ります。選択肢は，(A) 動「(～することに) 専心する」，(B) -ing 形，(C) 名「委員会」，(D) -ment 名。to が後に続くのは (D) です。a strong commitment to で「(～への) 熱心な取り組み」。

訳 ポール医療センターは，患者の要求に応じるべく，熱心な**取り組み**を続けている。

(14) (B) procedure

the ... for には名詞が入ります。(A) -ing 形，(B) 名「手順，手続き」，(C) 動「続ける，進む」，(D) 形 (procedure +-al)。(A) は -s にすると「議事 (進行・経過)」という意味になりますが，その場合は後ろは of になります。

訳 委員会の議長は参加者すべてを歓迎し，紹介した後，会議の**手順**を説明するでしょう。

(15) (B) expenditure

unnecessary... of には名詞が入ります。(A) -able 形 以外は名詞。(B) 支出 (expend(it)+-ure)，(C)「費用，経費」，(D)「高価さ」(expensive +-ness) から文意に適したものを選びます。

訳 不必要な時間と労力と資源の**消費**を避けるため，この案内書に説明されている指示に従うようにしなさい。

⑤ 形容詞・名詞 ⇨ 名詞 (-cy, -ty, -ry)

(16) From rich cheese cakes to the most exotic soufflés we specialize in a wide _____ of delicious desserts.
(A) varied (B) various (C) vary (D) variety

(17) The fair is intended to generate favorable _____ concerning mental health and related issues.
(A) public (B) publish (C) publishing (D) publicity

⑥ 名詞・形容詞 ⇨ 動詞 (-ize, -fy, -en)

(18) The mobile operator hopes to _____ the acquisition by the end of the year.
(A) final (B) finalize (C) finally (D) finality

(19) The missing man has been _____ as Roberto Casio, a 38-year-old Italian.
(A) identified (B) identity (C) identification (D) identifying

⑦ 名詞 ⇨ 形容詞 (-able/-ible, -ive, -al)

(20) The U.S. corn harvest was at its peak this week because of _____ weather conditions.
(A) favorite (B) favor (C) favorable (D) favorably

3. 派生語の問題

(16) (D) variety

a wide ... of には名詞が入ります。選択肢は，(A) -ed 形，(B) -ous 形，(C) 動「変わる，異なる」，(D) -ty 名。a wide variety of で「多くの種類の～」。soufflé [suːfléi]「スフレ」

訳 クリームたっぷりのチーズケーキから最高にエキゾチックなスフレまで，当店では**さまざまな**おいしいデザートを専門に扱っております。

(17) (D) publicity

favorable「好意的な」に続く語は名詞です。(A) -ic 形，(B) 動「出版する」，(C) 名 形「出版業(の)」，(D) -ity 名。(C) は文意に合いません。favorable publicity で「好意的な評判 [よい理解]」

訳 そのフェアは，精神衛生と，それに関連する諸問題について，正しい**理解**を深めることを目的としています。

(18) (B) finalize

hopes to ... に入るのは動詞の原形です。(A) -al 形，(B) 動「仕上げる」(final + -ize)，(C) -ly 副，(D) -ity 名。

訳 その携帯電話会社は年末までにその(会社の)買収を**完了**したいと思っている。

(19) (A) identified

has been ... には -ed 形が入ります。(A) -ed 形〈identify 動「(身元)を確認する」(identi(ty) + -fy)，(B) 名「本人であること，身元」，(C) -tion 名，(D) -ing 形。be identified as で「～と確認される」

訳 行方不明の男性は 38 歳のイタリア人，ロベルト・カシオであると**確認**された。

(20) (C) favorable

空欄には weather conditions を説明する形容詞が入ります。選択肢では (A) と (C) が形容詞。(A) 形「一番好きな」，(C) -able 形「好都合な」。他は，(B) 名「好意」，(D) -ly 副。

訳 よい気候条件に恵まれたため，合衆国のトウモロコシの収穫は，今週最盛期を迎えた。

PART 5·6 短文・長文穴埋め問題

(21) It is not known who is _____ for his death or why he was killed.
　(A) responsible　(B) responsibly　(C) responsive
　(D) responsibility

(22) Ms. Lee is quite _____ about the ingredients used in cosmetic products.
　(A) knowing　　　(B) knowledge
　(C) knowledgeable　(D) known

(23) Dobermans are not outside dogs. They are _____ to cold weather and absolutely need human attention.
　(A) sense　　(B) sensible　　(C) sensitive
　(D) sensuous

(24) I am confident that this is a very _____ solution.
　(A) sensible　(B) sensuous　(C) sensual
　(D) sensitive

⑧ 名詞 ⇨ 形容詞 (-ful, -ive, -y, -ous, ish, -ic/ical)

(25) If things progress as they have so far, I believe this will be a very _____ project.
　(A) successfully　(B) succeed　(C) success
　(D) successful

3. 派生語の問題

(21) (A) responsible

be ... for の形をとるのは (A) responsible 形 です。(B) -ly 副, (C) -ive 形「敏感な」, (D) -ity 名。*be* responsible for「～について責任がある」。(C) は *be* responsive to で「～に（敏感に）反応する」。

訳 誰が彼の死に責任があるのか，どうして彼が殺されたのかについては分かっていない。

(22) (C) knowledgeable

be quite（副）... に入るのは形容詞です。選択肢は，(A) -ing 形, (B) 名「知識」, (C) -able 形, (D) know の過去分詞。(A) know はふつうは進行形にならないので不適切。(D) 受身とすると, 後に about がくるのが不自然（to または as がくる）。*be* knowledgeable about「～についてよく知っている」

訳 リーさんは化粧品に使われている成分について実によく知っている。

(23) (C) sensitive

(A) 名「感覚」, (B) -ible 形「分別のある」, (C) -tive 形「感じやすい」, (D) -ous 形「感覚的な」。are の後に単数形の名詞は入りませんので，まず，(A) は除外されます。残るのは形容詞です。形容詞を作る接尾辞の意味の違いを覚えておきましょう (→ p. 276)。*be* sensitive to「～に敏感で」

訳 ドーベルマンは戸外で飼う犬ではありません。寒い気候に敏感で，人による世話が絶対に必要な犬です。

(24) (A) sensible

a very ... solution「とても…な解決（策）」に入るのは形容詞ですが，選択肢はすべて形容詞ですから，文意に合うものを選びます。(C) -al 形「官能的な」, ((A), (B), (D) は前問参照)。

訳 私はこれはとても賢明な解決策だと確信します。

(25) (D) successful

a very ... project には形容詞が入ります。選択肢は，(A) -ly 副, (B) 動「成功する」, (C) 名「成功」, (D) -ful 形。so far「これまでに」

訳 もし事が，これまでと同じようにうまく進行すれば，これは大成功を収める計画だと信じます。

(26) Open fireplaces, though romantic and comforting, are quite _____, as most of the heat goes right up the chimney.
 (A) waste (B) wasteful (C) wasting (D) wasted

(27) Increasing the price of alcohol has proved to be an _____ way to reduce underage drinking.
 (A) effective (B) effect (C) effectiveness (D) effectively

(28) Knowledge management is like word processing or e-mail. It would be _____ to try to do business without it.
 (A) foolish (B) fool (C) foolishness (D) fooled

(29) My colleagues are knowledgeable, _____, and have provided invaluable support to me.
 (A) industrious (B) industry (C) industrial (D) industries

(30) This is not a high performance car, but it is very _____ and reliable.
 (A) economize (B) economically (C) economy (D) economical

3. 派生語の問題

(26) (B) wasteful

(A) 名「浪費」, 動「浪費する」, (B) -ful 形「不経済な」, (C) -ing 形, (D) -ed 形。are の後に単数形の名詞は入りませんので, まず, (A) は除外されます。形としては (B), (C), (D) のいずれも入りますので, 文意に適した語を選びます。

訳 開放型の暖炉は, ロマンチックで心地よいが, とても**不経済な**ものである。というのも, その熱の大半は煙突へと昇っていってしまうからだ。

(27) (A) effective

an ... way に入るのは形容詞です。選択肢は, (A) -tive 形, (B) effect 名「効果」, (C) -ness 名, (D) -ly 副。underage drinking「未成年の飲酒」

訳 アルコール飲料の値上げが, 未成年の飲酒を減らす**効果的な**方法であることが立証された。

(28) (A) foolish

空欄は「It is + 形容詞 + to *do*」の構文です (→ p. 323)。(A) -ish 形, (B) 名「愚か者」, 動「～をばかにする」, (C) -ness 名, (D) -ed 形。

訳 「知識管理」はワープロやEメールのようなものです。それなしでビジネスをしようとするのは**愚かな**ことでしょう。

(29) (A) industrious

空欄には knowledgeable 形 と並置されるものが入ります。選択肢は, (A) -ous 形「勤勉な」, (B) 名「産業, 勤勉」, (C) -ial 形「産業［工業］の」, (D) 名「工業」。形容詞が2つありますので, 文意に合うものを選びます (→ p. 276)。

訳 同僚たちは知識豊富で, かつ**勤勉**であり, 私に計り知れない支援を与えてくれました。

(30) (D) economical

is very ... には形容詞が入ります。選択肢は, (A) -ize 動, (B) -ly 副, (C) 名「経済」, (D) -ical 形。

訳 これは高性能の車ではありませんが, とても**経済的**で信頼性があります。

4. 類型語・類義語

練習 次の英文の空欄に入る語(句)を(A)〜(D)から選びなさい。

① 語根・接頭辞

(1) The Company _____ a net loss of $1.5 million in the first quarter of 2004.
　(A) incurred　(B) concurred　(C) recurred　(D) occurred

(2) There is no evidence that _____ the claimant's testimony.
　(A) addicts　(B) indicts　(C) contradicts　(D) predicts

(3) Interest rates have moved from their historic lows. Still, rates are not high enough to _____ many investors to buy bonds.
　(A) deduce　(B) induce　(C) introduce　(D) reduce

4. 類型語・類義語

解答と解説

主な語根と接頭辞の意味については「同根語のまとめ」参照（→ p. 279）。

(1) (A) incurred

語根 cur「走る」(= run)　※ current「流れ」も同根語。
in-cur「中へ＋走る」→「(負債・損害などを) こうむる・負う」
con-cur「一緒に＋走る」→「(〜と) 意見が一致する (with)」
re-cur「再び＋走る」→「再発する，思い出される」
oc-cur「〜の方向へ＋走る」→「起こる，(考えなどが) 浮かぶ」

訳 その会社は2004年の第1四半期に150万ドルの純損失を**こうむった**。

(2) (C) contradicts

語根 dict「言う」(= say)
ad-dict「〜のほうへ＋言う」→「〜にふけらせる」
in-dict [indáit]「〜に対して＋言う」→「非難 [起訴] する」
contra-dict「反対に＋言う」→「矛盾する，反論する」
pre-dict「前もって＋言う」→「予言する」

　claimant「請求者，原告」, testimony「証拠，証言」

訳 原告の証言**と矛盾する**証拠はない。

(3) (B) induce

語根 duce「導く」(= lead)
de-duce「離れるほうへ＋導く」
　→「(推論によって結論に) 達する，演繹する」
in-duce「中へ＋導く」→「導く [誘導する]」
intro-duce「中へ＋導く」→「紹介する」
re-duce「後ろへ＋導く」→「減少させる」

　induce ＋人＋ to do「人が〜するように仕向ける」, low(s) 名「底値」

♣ produce も同根語。pro-duce「前へ＋導く」→「生産する」

訳 利率は記録的な底値からは抜け出た。それでもなお，利率は多くの投資家たちに債券を購入**させる**ほどの高値には至っていない。

(4) About 50 protesters gathered in front of the U.S. Embassy. They _____ the president and the war in Iraq.
 (A) announced (B) denounced (C) renounced
 (D) pronounced

(5) NASA has established a task force to _____ into the cause of the accident.
 (A) acquire (B) inquire (C) require
 (D) squire

(6) Ms. Albright later _____ the remarks, saying the comments were only 'tongue-in-cheek.'
 (A) contracted (B) distracted (C) extracted
 (D) retracted

4. 類型語・類義語

(4) (B) denounced

語根 nounce「報告する」(= report)
an-nounce「〜のほうへ＋報告する」→「公表する，知らせる」
de-nounce「否定するほうへ＋報告する」→「非難する」
re-nounce「後ろへ＋報告する」→「断念［放棄］する」
pro-nounce「前へ＋報告する」→「宣言する，発音する」

訳 約50人の抗議者がアメリカ大使館前に集まった。彼らは大統領とイラク戦争を**非難**した。

(5) (B) inquire

語根 quire「求める」(= ask, quest)
ac-quire「〜のほうを＋求める」→「獲得する」
in-quire「中へ＋求める」→「たずねる，(〜を) 調べる (into)」
re-quire「再び (何度も) ＋求める」→「必要とする，要求する」
　(D) squire「(女性) を連れていく (escort)」は形は似ているが別語源。task force「作業チーム，特別委員会」，inquire into「〜を調査する」

訳 NASAはその事故の原因を**調査する**ために特別委員会を立ち上げた。

(6) (D) retracted

語根 tract「引っ張る」(= pull)
con-tract「一緒に＋引っ張る」→「契約を結ぶ」
dis-tract「離れるほうへ＋引っ張る」
　→「(注意などを) そらす，気晴らしをさせる」
ex-tract「外へ＋引っ張る」→「抜き出す，抽出する」
re-tract「後ろへ＋引っ張る」→「引っ込める，撤回する」
　tongue-in-cheek「冗談」

♣ attract も同根語。at-tract「〜のほうへ＋引っ張る」
　→「(注意・興味を) 引きつける，魅惑する」

訳 オルブライトさんは，単なる冗談で言っただけだと言って，そのコメントを後で**撤回**した。

② 形が似ている語

(7) The company was quickly able to _____ its production levels to a fast-growing economy.
   (A) adapt   (B) adopt   (C) adept
   (D) adjourn

(8) Researchers have discovered that coatings on non-stick cookware, including Teflon, release chemical compounds that _____ the ozone layer.
   (A) complete   (B) delete   (C) deplete
   (D) obsolete

(9) Banks _____ a profit from the difference in the interest rates paid to depositors and charged to borrowers.
   (A) drive   (B) deprave   (C) deprive
   (D) derive

(10) In the hustle and bustle of our fast-paced lives, we tend to be _____ to what is happening around us.
   (A) previous   (B) devious   (C) obvious
   (D) oblivious

4. 類型語・類義語

以下にあげるもの以外の主な類似語については,「類似語のまとめ」参照（→ p. 284）。

(7) (A) adapt

(A) adapt「適合［適応］させる」, (B) adopt「採用する」, (C) adept「熟達［精通］した」, (D) adjourn「延期する」。adapt A to B「A を B に適合［適応］させる」

訳 その会社は生産レベルを急速に成長する経済にすぐに**適応させる**ことができた。

(8) (C) deplete

(A) complete「全部の，完全な」, (B) delete「削除する」, (C) deplete「激減させる」, (D) obsolete「すたれた，時代遅れの」。complete と deplete は同根語（plete「満たす」）。non-stick「焦げつかない」, the ozone layer「オゾン層」

訳 研究者たちは，テフロンを含む，焦げつかない調理器具のコーティングは，オゾン層を**減少させる**化合物を放出することを発見した。

(9) (D) derive

(A) drive「運転する，駆り立てる」, (B) deprave「悪化させる」, (C) deprive「奪う」, (D) derive「引き出す」。derive A from B「B から A を引き出す［導き出す］」, deprive A of B「A から B を奪う」

訳 銀行は預金者に支払われる金利と，借用者に請求される金利の差額から収益を**得る**。

(10) (D) oblivious

(A) previous「前の」, (B) devious「遠回りの」, (C) obvious「明らかな」, (D) oblivious「気にとめない，忘れがちの」。*be* oblivious to「～に気がつかない」（= unaware）, hustle and bustle「慌ただしさ」

訳 テンポの速い生活の慌ただしさの中で，私たちは周りで起こっていることを**見過ごしがちである**。

③ 意味が似ている語

(11) Jackson Smith, technical product manager, _____ that the company is not yet decided on how to price or package the product.
　(A) said　　(B) told　　(C) spoke
　(D) talked

(12) Dr. Carter said that they _____ the idea from a highly successful program at Harvard University.
　(A) loaned　　(B) borrowed　　(C) lent
　(D) rented

(13) The boys always worked so hard that no one was really surprised when they _____ all the other teams.
　(A) beat　　(B) won　　(C) gained
　(D) got

(14) It is _____ in this case that Gambian giant rats imported from Africa were the source of the virus.
　(A) doubted　　(B) questioned　　(C) suspected
　(D) wondered

(15) He accepted a _____ salary in exchange for a share of the profits.
　(A) cheap　　(B) few　　(C) low
　(D) poor

4. 類型語・類義語

(11) (A) said

that 節を直後に続けられるのは said だけです。tell は「tell O that S + V」がふつう。speak, talk は that 節を続けられません。

訳 技術製造部長のジャクソン・スミスは，その製品の価格のつけ方，包装の仕方について会社はまだ決定を下していないと**言った**。

(12) (B) borrowed

borrow the idea from ...「…からアイデアを借用する」という決まった表現です。a borrowed word「借用語」のようにも使います。

訳 カーター博士は，彼らはそのアイデアをハーバード大学で大いに成功したプログラムから**借用した**と言った。

(13) (A) beat

beat は「(競技で相手・チーム)を打ち負かす」の意味。変化は beat – beat – beaten[beat]。win は「(試合・レース)に勝つ」こと。win the game/match/race のように使います。

訳 その少年たちは常にとても一生懸命努力していたので，彼らがほかのチームすべてを**打ち負かしても**，だれもそれほど驚かなかった。

(14) (C) suspected

suspect that ... は「たぶん…であると思う[疑う]」という意味。doubt と question は，後に if / whether ... を続けて「…かどうかを疑わしく思う」の意味。ともに「疑う」と訳せるので，注意が必要です。wonder that ... は「…ということに驚く」。I wonder (that) ... の形で使います。

訳 アフリカから入ってきたガンビアの巨大ネズミが今回のウイルスの源ではないかと**疑われている**。

(15) (C) low

a low/high salary「低い[高い]給料」。price「値段」や cost「費用」にも low/high を使います。cheap は「商品」が「安い(安っぽい)」。in exchange for「～と引き換えに」

訳 彼は利益の分配と引き換えに，**低**賃金を受け入れた。

(16) Though the audience was a little _____, the band played with boundless energy, as though they were performing at Wembley Arena.
(A) pale   (B) scarce   (C) slight
(D) thin

(17) The Prime Minister expressed _____ sympathy to the family members of the slain journalist.
(A) deep   (B) full   (C) big
(D) hard

(18) Based on our latest projections, we estimate that the cost of printing will _____ by 4.8 percent this year.
(A) ascend   (B) increase   (C) lift
(D) raise

(19) When the yellow-suited mascot finally showed up, the children, who could hardly _____ their excitement, cheered as loudly as they could.
(A) contain   (B) envelop   (C) comprise
(D) include

(20) As cell phone ownership explodes, pay phones are suffering from _____ and are being removed, often from areas that need them the most.
(A) neglect   (B) overlook   (C) ignore
(D) defy

4. 類型語・類義語

(16) **(D) thin**

「(人が) まばらな」の意味には thin を使います。反対は thick「(人が) いっぱいの」，thick crowd「大群衆」。scarce は「(物が) 乏しい」。as though / if「まるで～のように」 Wembley Arena はロンドンにある有名な演奏会場。

訳 聴衆はやや**まばら**だったにもかかわらず，バンドは限りなく力強い演奏をし，まるでウェンブリー・アリーナにいるかのようだった。

(17) **(A) deep**

deep sympathy で「深い同情 [弔意]」，the Prime Minister「首相，総理大臣」。slay は新聞用語で，kill の婉曲語。slay – slew – slain と変化します。

訳 首相は殺害されたジャーナリストの家族に**深い**哀悼(あいとう)の意を表した。

(18) **(B) increase**

increase by ... percent で「…％上昇する」の意味。(A) も「上昇する」の意味ですが cost には，ふつう使いません。lift, raise は他動詞ですからここでは不適切です。(be) based on「～に基づいて (いる)」

訳 最新の予測に基づいて，今年の印刷費は 4.8％**上昇する**と見積もっている。

(19) **(A) contain**

いずれも「含む」というような意味の語ですが，contain は，否定文で「(感情などを) 抑えら (れない)」の意味で使います (語根 tain → p. 283)。show up「現れる，姿を見せる」

訳 最後に黄色いスーツのマスコットが現れると，子どもたちは，興奮を**抑えきれず**にできる限りの歓声を上げた。

(20) **(A) neglect**

suffer from neglect で「無視 [放置] をこうむる→ほうっておかれる」の意味。選択肢は，いずれも「無視する」という意味を持ちますが，名詞で「無視・放置」の意味になるのは neglect のみです。pay phone「公衆電話」

訳 携帯電話を持つ人が急激に増えているため，公衆電話は**ほうっておかれ**たり，撤去されたりしている。それもしばしばそれが最も必要とされる場所で。

5. 熟語・連語

練 習 次の英文の空欄に入る語(句)を(A)〜(D)から選びなさい。

(1) Sixty-five percent of parents are very concerned _____ their children's use of the Internet, according to a recent survey.

 (A) to   (B) about   (C) at
 (D) upon

(2) This is a place where people can exchange technical information with one _____.

 (A) other   (B) the other   (C) another
 (D) others

(3) He has to somehow come to _____ with his feelings and get over the shock.

 (A) life   (B) place   (C) terms
 (D) senses

5．熟語・連語

解答と解説

空欄が熟語・連語の一部になっている問題は非常に多いのですが，ここでは，例を3つだけあげておきます。

(1) (B) about

be concerned about「～が心配である，気がかりである」(*be* concerned with は「～に関係がある」)

訳 最近のある調査によると，65％の親が子どものインターネット使用について非常に心配している。

(2) (C) another

one another「お互い (= each other)」。one another と each other はともに「代名詞 (句)」(→ p. 319)。問題文は exchange *A* with B「*A* を B (人) と取り交わす」の B が one another になった形。

訳 ここは人々がお互いに技術情報を交換できる場所です。

(3) (C) terms

come to terms with で「～と折り合う，～を受け入れる」の意味。come to *one's* senses で「(迷いなどから) 覚める」の意味があります。get over「～から立ち直る」

訳 彼は，何とかして自分の感情と折り合いをつけてショックから立ち直らなければなりません。

接尾辞のまとめ

●「名詞」をつくる接尾辞

-ion(動詞につける)(-sion, -tion, -ation などに変化する)

 impress「印象を与える」 → impression「印象」
 extend「延長する」 → extension「延長・拡張」
 invite「招く」 → invitation「招待」

-ment(主に動詞につける)

 develop「発達させる」 → development「発達」
 entertain「楽しませる」 → entertainment「娯楽」

-ness(形容詞につける)

 kind「親切な」 → kindness「親切心」
 ※形容詞の接尾辞に-nessをつける。 -ableness, -fulness, -iveness
  careful「注意深い」 → carefulness「注意深いこと」

-ty(主に形容詞につける)(-ety, -ity などに変化する)

 safe「安全な」 → safety「安全」
 secure「安全な」 → security「安全」
 ※形容詞の接尾辞に-tyをつける。
  -ability (-able ＋ -ty), -ality (-al ＋ -ty)
  available「利用できる」 → availability「利用できること」
  local「その土地の」 → locality「付近」

-ence(主に動詞につける)(-ance, -ency などに変化する)

 exist「存在する」 → existence「存在すること」
 attend「出席する」 → attendance「出席」

-cy(名詞・形容詞につける)(-t(e) は-cy になる)

 fluent「流暢な」 → fluency「流暢さ」
 private「個人に属する」 → privacy「自由な私生活」

-ure(動詞につける)

 please「喜ばせる」 → pleasure「喜び」

接尾辞のまとめ

enclose「囲む」 → enclosure「包囲」

-al（動詞につける）

※名詞につけると形容詞をつくる（→ p. 276）。

arrive「着く」 → arrival「到着」
propose「提案する」 → proposal「申し込み」

-ery, **-ry**（名詞につける）

machine「機械」 → machinery「機械装置」

※名詞をつくる語尾では，このほかに -hood（childhood「幼児期」），-dom（freedom「自由」），-ship（friendship「友情」）なども覚えておきたい。

● 「形容詞」をつくる接尾辞

-able, **-ible**「～できる，～に適した」（語尾の e はなくなる。y で終わる語では y を i に変えて -iable の形になる）

compare「比較する」 → comparable「比較できる」
reason「理由」 → reasonable「道理をわきまえた」
identify「身元を確認する」 → identifiable「身元を確認できる」

※-fy は動詞をつくる接尾辞（→ p. 277）。

-ful「十分～な」

care「注意」 → careful「注意深い」
success「成功」 → successful「成功した」

※-ful には，「…に 1 杯（分）」の意味の名詞もある。

spoonful「スプーン 1 杯」

-ive「（傾向が）～な」（-itive, -ative などに変化する）

act「行い」 → active「活動的な」
sense「感覚」 → sensitive「敏感に反応する」

-ous「（性質が）～な」

danger「危険」 → dangerous「危険な」
caution「用心」 → cautious「注意深い」

PART 5・6 短文・長文穴埋め問題

-al「～に関する」(yで終わる語ではyをiに変えて-ialの形になる)

 memory「記憶」   → memorial「記念物」

 ※名詞の接尾辞-tionにつけて-tionalとなる。

  addition「追加」   → additional「追加の」

 ※-able, -ive, -ous, -alの意味の違いに注意。

  industry「産業・勤勉」 → industrial「産業の」
            → industrious「勤勉な」

  sense「感覚・判断力」 → sensitive「感じやすい,敏感な」
            → sensible「分別のある,賢明な」
            → sensuous「感覚的な,審美的な」
            → sensual「官能的な」

-ic, -ical「(性質が)～な」

 diplomat「外交官」   → diplomatic「外交の」
 alphabet「アルファベット」 → alphabetic / alphabetical
            「アルファベットの」

 ※-ic, -icalで,意味が異なる語がある。

  economy「経済,節約」 → economic「経済の」
            → economical「経済的な,節約する」

-ant (-ent)「(性質が)～な」

 ※「行為者」を表す名詞もつくる(→ p. 277)。

  please「喜ばせる」   → pleasant「楽しませる」
            (pleased「喜んだ」)

  urge「せきたてる」   → urgent「急を要する」

-y「(状態が)～な」

 health「健康」   → healthy「健康な」
 rain「雨」   → rainy「雨の」

 ※動詞につけて名詞をつくる。recovery「取り戻すこと」

接尾辞のまとめ

-ate「〜が(十分)ある」(-ate は動詞,名詞の語尾にもなる)
  consider「よく考える」 → considerate「思いやりがある」
-ish「〜のような,〜じみた」
  fool「ばか者」 → foolish「愚かな」

●「人・もの」を表す接尾辞

-er, **-or**
  develop「発達させる」 → developer「開発者」
  adapt「適合させる」 → adaptor「改造者,調節器」
  ※-er は形容詞・副詞につけて比較級を表す。

-ant, **-ent**(動詞につける)
  ※-ant, -ent は形容詞もつくる。両方の意味を持つものもある。
    attend「出席する,付き添う」
      → attendant「名 出席者,付き添い人, 形 付き添いの」
    reside「居住する」
      → resident「名 居住者, 形 居住している」

-ee(動詞につけて,主に「〜される人」を表す)
  employ「雇う」 → employee「従業員」
  ※-eer も「人」を表す。volunteer「ボランティア」

●「動詞」をつくる接尾辞

-ize, **-en**, **-fy** (**-ify**), **-ate**
  final「最後の」 → finalize「完結させる」
  memory「記憶」 → memorize「暗記する」
  wide「広い」 → widen「広くする」
  dark「暗い」 → darken「暗くする」
  class「クラス,組」 → classify「分類する」
  sign「符号」 → signify「示す」
  active「活発な」 → activate「活性化する」

※-fy で終わる動詞の過去分詞形から派生した形容詞
 certified「証明された」, classified「分類された」,
 justified「納得のいく」, satisfied「満足した」
※-ize に, 名詞をつくる-ion をつけて-ization となる。
 civilize「文明化する」   → civilization「文明」
 modernize「現代化する」 → modernization「現代化」

● 「副詞」をつくる接尾辞
-ly（形容詞・分詞につける）
 rapid「速い」   → **rapidly**「速く」
 surprising「驚くべき」   → **surprisingly**「驚くほど」
※形容詞の接尾辞に-ly をつける。
 final「最後の」   → finally「最後に」
 reasonable「道理をわきまえた」
                      → reasonably「分別よく」※ e はなくなる。
 careful「注意深い」   → carefully「注意深く」
 energetic「精力的」   → energetically「精力的に」
 effective「効果的である」   → effectively「効果的に」
 healthy「健康な」   → healthily「健康で」※ y は i に変える。
※形容詞と副詞の意味を持ち, さらに-ly 形の副詞もある語は多いが, 両者で意味が異なるものがあるので注意。
※-ly の形容詞に注意（名詞に-ly をつけたものが多い）。
 costly「高価な」, friendly「親しみのある」,
 lonely「一人ぼっちの」, orderly「整然とした」,
 timely「時を得た」
 daily「毎日の」, monthly「月1回の」
（「限定用法」→ p. 372。daily, monthly は副詞にもなります。→ p. 376）

同根語のまとめ

単語の後の（　）内は「接頭辞＋語根」の直訳例です。この意味から，矢印の後の語義へ，イメージをつなげてみてください。

※接頭辞の ad-「〜のほうへ（= to）」は，後の語根の先頭文字に一致して，ac-, af-, an-, ap-, as-, at- などのように変化します。

ex-「外へ（= out of）」は，後の語根の先頭文字によって，e-, ec-, ef-, exo- などに変化します。

com-「一緒に（= together），完全に」は，後の語根の先頭文字によって，co-, con-, cor-, col- などに変化します。

cede, **ceed**「行く」（= go）
- accede（〜のほうへ行く）　→「同意する，従う」
- concede（一緒に行く）　→「容認する」
- precede（前に行く）　→「先立つ」
- recede（後ろに行く）　→「退く」
- exceed（外へ行く）　→「超える」
- proceed（前へ行く）　→「進む」
- succeed（下へ行く）　→「成功する」
- ※努力した成果が〜の元へくる。
- ※ cess「行くこと」（cede, ceed の名詞形）
  - access「接近」，excess「超過」，process「過程」，success「成功」，recess「休憩」

clude「閉じる」（= shut, close）
- conclude（完全に閉じる）　→「終える」
- exclude（外へ閉じる［締め出す］）　→「締め出す」
- include（中へ閉じる［閉じ込める］）　→「含む」
- preclude（前もって閉じる）　→「排除する」
- seclude（切り離して閉じる）　→「引き離す」

PART 5・6　短文・長文穴埋め問題

※ s(e)- は「切り離して」

cur「走る」 → p. 263, (1)

dict「言う」 → p. 263, (2)

duce「導く」 → p. 263, (3)

duct「導いた」※ duce の変化形

 abduct（導いて分離する）→「誘拐する」

 ※ ab-, abs- は「～分離して［離れて］」。

 conduct（一緒に導いた）→「〔名〕行い，〔動〕導く・指揮する」

 product（前へ導いた（もの））→「〔名〕製品・生産物」

 deduct（離れる方へ導いた）→「差し引く」

 ※ de- は「分離・下降・非難・反対」などの意味。

 induct（中へ導いた）→「任命する」

 -duction（duce, duct の名詞形）

  abduction「誘拐」（← abduct）

  deduction「演繹（法）・差引き」（← deduce, deduct）

  induction「誘導［帰納（法）］・就任」（← induce, induct）

  introduction「紹介」（← introduce）

  reduction「減少」（← reduce）

  production「製造」（← produce）

fect「行う・作る［作った］」（= do, make）

 affect（～の方へ行う）→「影響する」

 defect（離れるほうへ作った）→「離反する」

 effect（外へ作った）→「結果」

 infect（中へ作る）→「伝染する」

 perfect（完全に行った）→「完成する」

 ※ per- は「～を通して，完全に」。

form「形作る」

 conform（一緒に形作る）→「順応する」

 deform（悪く形作る［形を悪くする］）→「損なう」

同根語のまとめ

　　inform（中へ形作る）　→「知らせる」
　　reform（再び形作る）　→「改善する」
　　transform（別の状態に形作る）　→「変形させる」
　　※ trans- は「別の場所［状態］へ移る」意味。
　　perform（完成させる）　→「果たす」
　　※ perform は別語源の語ですが，ここで，一緒に覚えてしまいましょう。
ject「投げる」（= throw）
　　inject（中へ投げる）　→「注入する」
　　reject（後ろへ投げる）　→「拒絶する」
　　object（反対して投げる）　→「反対する」
　　※ ob- は「～に反対して・向かって」。
　　subject（下に投げられた）　→「服従させる」
　　※ sub- は「下へ［から］」，sus- も同じ意味。
lect「集める，選ぶ」（= gather, choose）
　　collect（一緒に集める）　→「収集する」
　　elect（外へ選ぶ［選び出す］）　→「選出する」
　　neglect（集めない）　→「無視する」
　　※ neg- は「否定（= not）」（n-, ne-, non- などに変化する）
　　select（選んで切り離す）　→「選び出す」
　　recollect（再び集める）　→「思い出す」
mand「命じる」（= order）
　　command（完全に命じる）　→「命令する」
　　remand（後ろへ命じる）　→「再拘留する」
　　countermand（反対に命じる）　→「取り消す」
　　※ counter- は「反対，対応」などの意味。
　　demand（はっきりと命じる）　→「要求する」
　　※この de- は「強調」の意味。
nounce「語る」　→ p. 265, (4)

pend「つり下げる、(はかりで) 量る」
　append (〜のほうへつり下げる) →「付け加える」
　depend (下のほうへつり下げる) →「頼る」
　expend (外へ量る) →「費やす」※ spend「使う」も同じ語源。
　suspend (下へつり下げる) →「つるす」

ply「折る」(= fold)
　apply (〜のほうへ折る) →「適用する」
　imply (中に折り込む) →「暗に意味する」
　reply (再び折る) →「返事をする」
　multiply (たくさん折る) →「増やす」
　※ multi- は「多い (= many, much)」。
　※ comply「従う」, supply「供給する」は別語源。

quire「求める」 → p. 265, (5)

rupt「破れた [壊れた]」(= break)
　abrupt (分離して破れた) →「突然の」
　disrupt (分裂した) →「分裂させる」
　erupt (外へ破れた) →「噴火する」
　interrupt (〜の間を破る) →「邪魔をする」
　corrupt (完全に壊れた) →「堕落した」
　bankrupt (銀行が壊れた) →「破産した」

spect「見る」(= see)
　inspect (中を見る) →「詳しく調べる」
　prospect (前を見る) →「探し求める」
　respect (後ろを [振り返って] 見る) →「尊敬する」
　suspect (下から見る) →「怪しいと思う」

spire「呼吸する」(= breathe)
　aspire (〜のほうへ呼吸する) →「熱望する」
　expire (外へ呼吸する [息を出す]) →「終了する」
　conspire (一緒に呼吸する) →「共謀する」

inspire (中へ呼吸する[息を吹き込む]) →「鼓舞する」
perspire ((皮膚)を通して呼吸する) →「発汗する」
respire (再び(何度も)呼吸する) →「呼吸する」

struct「築く」(= build)
construct (一緒に建てる) →「組み立てる」
destruct (下のほうへ建てる) →「自爆させる」
instruct (中に建てる) →「教える」
obstruct (反対して建てる) →「通れなくする」

tain「保持する」(= hold)
abstain (分離して保持する) →「避ける」
contain (一緒に保持する) →「含む」
maintain (手に保持する) →「維持する」
※ main- は「手 (= hand)」, manu- と同じ意味。
obtain (〜に向かって保持する) →「得る」
retain (再び保持する) →「持ち続ける」
sustain (下から保持する) →「支える」

tract「引っ張る」 → p. 265, (6)

volve「転がる・回る」(= roll)
devolve (下へ転がる) →「譲り渡す」
evolve (外へ転がる) →「発展させる」
involve (中へ転がる) →「巻き込む」
revolve (再び(何度も)回る) →「回転させる」
※名詞形は-volution
devolution「段階的推移(移行)」, evolution「発展」,
involution「巻き込み(複雑)」, revolution「革命」

類似語のまとめ

- abandon「あきらめる」 / abduct「誘拐する」 / abate「減ずる」 / abdicate「放棄する」
- accidental「偶然の」 / coincidental「一致した」 / incidental「付随して起こる」 / occidental「西洋(人)の」
- blast「爆破する」 / boast「自慢する」 / boost「押し上げる」 / burst「爆発する」
- catch「つかまえる」 / batch「1度分」 / match「1試合」 / scratch「ひっかく(傷)」
- complete「全部の」 / delete「削除する」 / deplete「激減させる」 / obsolete「すたれた」
- concise「簡潔な」 / conscience「良心」 / conscientious「良心的な」 / consensus「一致」
- decision「決定」 / excision「削除(したもの)」 / incision「切り込み」 / precision「正確さ」
- explain「説明する」 / explode「爆発させる」 / exploit「利用する」 / explore「探検する」
- expectation「予期」 / explanation「説明」 / exploration「探検」 / exploitation「開発」
- inflame「憤激させる」 / inflate「膨らませる」 / inflect「曲げる」 / inflict「負わせる」
- invention「発明」 / inventory「目録」 / invitation「招待」 / invoice「送り状」
- reasonable「理にかなった」 / relatable「関係づけられる」 / reliable「信頼できる」 / responsible「責任がある」
- recollect「思い出す」 / reconnect「再接続する」 / reflect「反射する」 / reelect「再選する」

PART 7

読解問題

PART 7

Part 7 のポイント

　Part 7 はリーディングの総合問題です。全部で 48 問あります。前半の 28 問は，1 つの文章を読み，その内容についての質問に対する答えを選択肢（4 つ）から選びます。

　後半の 20 問は，2 つの文章を読み，その内容に対する質問に答えます。ペアになっている 2 つの文章は，例えば，広告文とその広告についての質問の手紙というように，内容が相互に関連するものになっています。1 つのペアに対して 5 問ずつ，4 つのペアで合計 20 問になります。

　実際のテストで示される指示文は 288 ページに掲載してあります。

● Part 7 にでる英文

与えられる問題文については，

Questions 000 - 000 refer to the following advertisement.
（問題 000 番 - 000 番は次の広告に関するものです）

Questions 000 - 000 refer to the following advertisement and e-mail.
（問題 000 番 - 000 番は次の広告と E メールに関するものです）

などのように，指示文の中で「種類」が述べられています。

● 問題文でる順

- article 「記事」
- advertisement 「広告」
- letter / e-mail 「手紙；E メール」
- notice 「掲示，通知」
- report 「レポート」
- announcement 「発表，公示」
- information 「情報」
- chart 「図表」

Part 7のポイント

- memo 「メモ，覚書」
- form 「書式，申込用紙」
- instructions 「使用説明書」

letterは，ほとんどがビジネスに関するもの（ビジネスレター）。reportは雑誌，新聞などの記事です。

ただし，この分類は，厳密なものではありません。上記のほかにも，newspaper column「新聞コラム」, order form「注文用紙」, timetable「時刻表」などのような，より具体的な言い方をすることもあります。

Part 7は，総合的な英語力を見るものです。したがって，対策としては，Part 1 ～ Part 6で見てきたことを確認することに尽きます。設問に対する考え方は，リスニングの総合問題であるPart 4と同じです。

本書では，練習問題を掲載しませんが，本書の続編である『文脈でどんどん覚えるTOEIC®テストの英単語』が，Part 7に出る英文を読みながら語彙力を増強できるようになっていますので，ご活用ください。

PART 7

Part 7 の問題形式

以下の指示文が問題用紙に印刷されています。この部分は，毎回同じですから，試験場で読む必要はありません。

PART 7

Directions: In this part you will read a selection of texts, such as magazine and newspaper articles, letters, and advertisements. Each text is followed by several questions. Select the best answer for each question and mark the letter (A), (B), (C), or (D) on your answer sheet.

[訳]
指示文：雑誌や新聞の記事，手紙，広告などの文書を読みます。それらの内容についていくつかの質問が続きます。各質問に対する最も適切な答えを(A), (B), (C), (D) から選び，解答用紙にマークしなさい。

＃ 文法のまとめ

1. 主語の単数・複数

(1) 名　詞

主語が名詞の場合は，

単数名詞（可算名詞の単数形）　⟶　**単数扱い**
複数名詞（可算名詞の複数形）　⟶　**複数扱い**
不可算名詞（単数形）　　　　　⟶　**単数扱い**

が原則です。しかし，単数形のままで「複数」扱い，複数形でも「単数」扱いの語があるので注意が必要です（→「名詞」p. 308）。

(2) 名詞句

主語が「句」の場合は，句全体として「単数」として扱うか，「複数」として扱うかが決まります。特に，数量表現を含んだ句の単数・複数が問題になります（→「数量を表す語」p. 315）。

(注) 以下の解説で，**THE** は，the のほかに「the に準ずる語」（→「冠詞」p. 307）も使えることを示します。
　　また，「THE 複数名詞」は代名詞 them に，「THE 不可算名詞」は代名詞 it に置き換えることができます。

THE 複数名詞	the [these / those / *one's*] 複数名詞 / them
THE 不可算名詞	the [this / that / *one's*] 不可算名詞 / it

1. 主語の単数・複数

■ 単数扱い

次の表現は，いずれも「1つ1つのもの」に焦点があります。

every / each / either / neither + 単数名詞	どの〜も / それぞれの〜 / どちらかの〜 / どちらの〜も (…でない)

次の表現は「複数」のものの中の「1つ」あるいは「ゼロ」に焦点があります。

one of / each of / either of / neither of + THE 複数名詞	〜の1つ / 〜のそれぞれ / 〜のどちらか [も] / 〜のどちらも (…でない)

※ 会話などでは，複数名詞にひっぱられて複数扱いにすることもありますが，TOEICでは，「単数扱い」と覚えておきましょう。

次の表現は，「不可算名詞」について，その「量・程度」を表します。「量」や「程度」は「単数扱い」にします。

much of THE 不可算名詞	〜の大部分

■ 複数扱い

both of / many of / several of + THE 複数名詞	〜の両方 / 〜の多数 / 〜のいくつか
a number of 複数名詞	たくさんの〜

※ the number of は「…の数」という意味。number を受けるので，単数扱いです。

■単数・複数両用

以下の「数」「量・程度」の両方を表すことのできるものは，複数名詞につけて「数」を表すときは「複数扱い」，不可算名詞につけて「量・程度」を表すときは「単数扱い」になります。

a lot [lots] of	+ 複数名詞 ⇒ 複数扱い	たくさんの〜〔数〕
	+ 不可算名詞 ⇒ 単数扱い	たくさんの〜〔量〕

| all of
most of
some of
half of
... percent of
one-fourth of
none of | + THE 複数名詞
　　　⇒ 複数扱い
+ THE 不可算名詞
　　　⇒ 単数扱い | 〜のすべて
〜のほとんど
〜のいくらか
〜の半分
〜の…パーセント
〜の 1/4
〜のどれも（ない）* |

※分数の third, fourth, fifth, … は，それぞれ 1/3, 1/4, 1/5…の意味で，「可算名詞」(1/2 は a half)。したがって，2/3 は two thirds (2つの 1/3)，3/4 は three fourths (3つの 1/4) というように -s がつきます。

* 「none of THE 複数名詞」だけは単数扱いが原則です。ただし，会話などでは，複数に扱うこともあります。

(3) 接続詞で結ばれた語句 (接続詞→ p.332)

- *A* and *B* 　　　　　　　　「*A* と *B*」 ⇒ 複数扱い

※「*A* and *B*」を1つのものとみなす場合は単数扱いにします。

次の表現では，動詞の数は *B* の単数・複数に一致させます。

- *A* or *B* 　　　　　　　　　「*A* または *B*」
- either *A* or *B* 　　　　　　「*A* または *B* のどちらか」
- neither *A* nor *B* 　　　　　「*A* も *B* も（…でない）」
- not only *A* but (also) *B* 　「*A* ばかりでなく *B* も」

2. 動 詞

(1) 単数動詞・複数動詞

「単数扱い」の主語には「**単数動詞**」（単数形の動詞）
「複数扱い」の主語には「**複数動詞**」（複数形の動詞）
を使います。

ただし，単数・複数で形が変わるのは，① be 動詞（現在形と過去形），② have 動詞の3人称単数現在形（has），③一般動詞の3人称単数現在形（3単現の-s）の3つの場合のみです。

(2) 状態を表す動詞（進行形にしない動詞）

「*be* + -ing」（進行形）は，動作が続いていることを表します。したがって，次のような，それ自体で継続していることや，性質・本質を表す動詞は，ふつうは進行形にしません。

resemble	〜に似ている	belong	〜に所属する
believe	〜を信じている	know	〜を知っている
remember	〜を覚えている	want	〜を望む
have	〜を持っている	own	〜を所有する
possess	〜を所有する		

※ have は「食べる」や「（〜な時を）持つ［過ごす］」の意味では進行形になります。

文法のまとめ

(3) 他動詞・自動詞

動詞には，目的語をとる動詞（他動詞）と，目的語をとらない動詞（自動詞）があります。

■自動詞

自動詞に，名詞［句］を続けるときは前置詞が必要です。次の語は，**前置詞を忘れがち**なものです。

いずれも「動詞＋前置詞」の連語として覚えておきましょう。

agree with you	（あなたに）賛成する
agree to the plan	（その計画に）賛同する
apologize to her	（彼女に）謝る
apologize for the delay	（遅れを）謝る・詫びる
complain about the noise	（騒音の）苦情を言う
hope for your success	（あなたの成功を）望む
inquire about the schedule	（スケジュールを）たずねる
inquire of him	（彼に）たずねる
insist on going there	（そこに行くと）言い張る
object to her going alone	（彼女が1人で行くことに）反対する
reply to a letter	（手紙に）返事を出す［返答する］

※上にあげた語は，いずれも，前置詞なしで「that S + V」を続けることができます（inquire は wh-/ if 節）。この場合は，that 節が目的語になるので他動詞と考えます。

※「動詞＋前置詞」の連語については『TOEIC®テストに でる順英熟語』を見てください。

■他動詞

次の語は他動詞ですが，間違えて**前置詞を入れがち**なものです。これらも，よく使う動詞ばかりで，連語のようにして覚えてしまうのが一番です。

2. 動　詞

access the computer	(コンピューター) にアクセスする
adjoin the main hall	(メインホール) に隣接する
appreciate your offer	(申し出) に感謝する
approach the entrance	(入り口) に近づく
attend the meeting	(会議) に出席する
※ attend **to** the work	(仕事) に専念する 〔自動詞〕
contact the police	(警察) に連絡する
discuss the problem	(問題) を議論する
enter the room	(部屋) に入る
enter the U.S. market	(アメリカ市場) に入る
※ enter **into** negotiations	(交渉) に入る 〔自動詞〕
face the main street	(大通り) に面している
face the challenge	(難題) に直面する・取り組む
marry me	(私) と結婚する
Will you marry me?	(私と結婚してくれる？)
※ get married **to**	(人と) 結婚する
※ *be* married **to**	(人と) 結婚している
mention your name	(あなたの名前) を話に出す・ふれる
Don't mention it.	(どういたしまして)
offend you	(あなた (の感情)) を害する
Did I offend you?	(気分を害するようなこと言った？)
※ *be* offended **by/with** ...	〜に立腹する
reach the destination	(目的地) に着く
reach the salt	(手を伸ばして塩) を取る
Can you reach the salt for me?	(塩を取っていただけません？)
※ reach **out for** ...	…を取ろうと手を伸ばす〔自動詞〕
resemble his father	(父親) に似ている
They resemble each other.	(彼らは互いによく似ている)
	※ each other → p. 319

文法のまとめ

文法のまとめ

■ V + *one*self（再帰動詞）

目的語に *one*self 型の代名詞をとって，自動詞的な意味を表すものがあります。これも連語として覚えておきたいものです。

enjoy *one*self	楽しむ
excuse *one*self for ...	…の言い訳をする
excuse *one*self from ...	…から中座する
pride *one*self on ...	…を自慢する (= be proud of ...)

会話によく使う *one*self の表現

Please **help yourself** (to ...).「どうぞ（…を）ご自由にお取りください」

Please let me **introduce myself**. My name is [I am] ....
「自己紹介をさせてください。私は…」

Please **make yourself** at home.「どうぞお楽にしてください」

■ 対応する自動詞と他動詞

次の語は，自動詞と他動詞が対応しています。活用形に注意しましょう。

原　形	過去形	過去分詞形	
lie	lay	lain	〔自〕横たわる
lay	laid	laid	〔他〕〜を横たえる
rise	rose	risen	〔自〕昇る・上がる
raise	raised	raised	〔他〕〜を上げる
fall	fell	fallen	〔自〕倒れる
fell	felled	felled	〔他〕〜を倒す

※次の語はともに他動詞ですが，活用形が紛らわしいので混乱しないようにしましょう。

〔他〕find — found — found「〜を見つける」

〔他〕found — founded — founded「〜を設立する」

2. 動 詞

■他動詞用法・自動詞用法

多くの動詞は，他動詞・自動詞の両方に使うことができます。次の語は，他動詞用法・自動詞用法の両方が出題される主なものです。

call	call A	〔他〕Aに電話をかける
	call A B	〔他〕AをBと呼ぶ
	call on A	〔自〕（人）を訪ねる
grow	grow A	〔他〕Aを育てる
	grow (up)	〔自〕成長する
lock	lock A	〔他〕Aのカギをかける
	lock	〔自〕カギがかかる
sell	sell A	〔他〕Aを売る
	sell A for \$...	〔他〕Aを…ドルで売る
	sell (well)	〔自〕（よく）売れる
	sell for \$...	〔自〕…ドルで売れる
taste	taste A	〔他〕Aを味見する
	taste good/bitter	〔自〕よい[にがい]味がする
	taste like A	〔自〕Aのような味がする
weigh	weigh A	〔他〕Aの重さを量る
	weigh ... pounds	〔自〕…ポンドの重さがある

文法のまとめ

3. 準動詞

(1) 動名詞・不定詞

「動名詞」や「不定詞」も，動詞の目的語になります。ただし，目的語に動名詞をとるか，不定詞をとるかは，動詞によって決まります。両方をほとんど区別なく使えるものや，両方を使えるが意味が異なるものなどもあります。

TOEICでは，ある動詞が，動名詞をとるか，不定詞をとるかが問われます。

●動名詞と不定詞の性格

ある動詞が，動名詞と不定詞のどちらをとるかについては，動名詞と不定詞の性格に関係しています。

・動名詞

動名詞も不定詞も，動詞の性格と名詞の性格とをあわせもっていますが，動名詞は，その名のとおり，ほとんど名詞として意識されています。したがって，時間に関係のない一般的なことや，過去の事実を述べる動詞につきます。また，否定の意味を表す動詞も「動名詞」をとる傾向があります。

・不定詞

toが「未来への方向」を表しています。したがって，「意思・希望」や「期待」など，現在または未来の，肯定的な意味の動詞につながります。

※ただし，この性格による分類は，絶対的なものではありません。最終的には，1つ1つの動詞について，どちらをとるか覚えておかなければなりません。

3. 準動詞

■ V + *do*ing（動名詞）

acknowledge			認める
admit			認める
avoid			避ける
consider			よく考える
deny			否定する
discuss			話し合う
discontinue			やめる*
(don't) mind			気にしない
enjoy	*do*ing	〜することを	楽しむ
escape			免れる
finish			終える
oppose			反対する
postpone			を延期する
quit			やめる
recommend			勧める
require			必要とする
suggest			提案する

*ただし，continue *do*ing [to *do*]「〜（すること）を続ける」〔両方可〕

次の動詞句の to は前置詞です。したがって後にくるのは「名詞」か「動名詞」でなければなりません。不定詞の to と間違えて，後に原形を入れないようにしましょう。

be opposed to		〜することに反対である
be used to		〜することに慣れている
be close to	*do*ing	近々〜するところである
come close to		もう少しで〜するところである
look forward to		〜するのを楽しみに待つ
object to		〜することに反対である

文法のまとめ

文法のまとめ

※次の worth も前置詞です。後に「名詞」か「動名詞」がきます。
be **worth** *do*ing「〜の [する] 価値がある」

　Whatever is **worth doing** at all is **worth doing** well.
　「する価値のあることは立派にやる価値がある」

■ V + to *do*

V			
agree	to *do*	〜することに[を・が]	賛成する
decide			決める
determine			決心する
expect			予期する
fail			しくじる
hope			望む [希望する]
learn			学ぶ
manage			何とかできる
mean			意図する
offer			提案する
promise			約束する
refuse			拒否する
resolve			決心する

※上の動詞で fail や refuse は，否定的な意味ですが，不定詞をとります。
（「〜に成功する」は **succeed in** *do*ing）

3. 準動詞

■ V + *doing* と V + to *do* で意味が異なるもの

次の動詞は,動名詞と不定詞の両方をとり,意味が異なるものです。
※ここでは動名詞と不定詞の性格の違いがはっきり表れています。

forget	*doing*	～(したこと)を忘れる
	to *do*	～し忘れる
regret	*doing*	～(したこと)を残念に思う
	to *do*	残念ながら～する
remember	*doing*	～(したこと)を覚えている
	to *do*	忘れないで～する
try	*doing*	試しに～してみる
	to *do*	～しようと試みる

次の語では,動名詞は**受身的な意味**を表します。

need	*doing*	～(されること)が必要である
	to *do*	～(すること)が必要である

The car **needs repairing**.「その車は修理(されること)が必要です」
I **need to repair** my car.「私は車を修理する必要がある」

go on は「～を続ける」という意味の句動詞です。

go on	*doing*	～をし続ける〔1つのことを続ける〕
	to *do*	続けて～する〔次に別のことをやる〕

自動詞に to *do* をつけることもあります。この場合は,ふつうは,「～するために」という「目的」を表します(不定詞の副詞用法)。

stop	*doing*	～(すること)をやめる〔他動詞〕
	to *do*	～するために止まる 〔自動詞〕

文法のまとめ

(2) (動詞の) 原形

TOEIC では,「S + V + O + 原形」の用法と, that 節での用法が出題されます。これらは, 最頻出項目です。

■ V + O + 原形

この文型をとる動詞は「**使役動詞**」と「**知覚動詞**」です。

● **使役動詞** (〜させる)

let		*do*	(自由意志で)…に〜をさせる
make		*do*	(強制して)…に〜をさせる
have	*one*	*do*	(仕事・任務として)…に〜をさせる
get		to *do*	(依頼・説得などをして)…に〜をさせる
help		(to) *do*	…が〜するのを手伝う

※ make は受身形でも使いますが, このときは **to** が必要になります。
I was **made to** wait an hour.「私は 1 時間待たされた」

※ get では「**to +原形**」になります。

※ help は to を入れることもできますが, TOEIC では入れない形 (原形) で扱われます。
help him (to) **carry** his baggage「彼が手荷物を運ぶのを手伝う」

※ help と原形を使った慣用表現に can't **help but** +原形「〜せざるをえない」があります (help は「〜を避ける」の意味)。同じ意味で, can't **help** *doing* という形もあり, この場合は -ing 形です。

● **知覚動詞** (〜を見る [聞く])

see		…が〜するのが見える〔自然に視野に入る〕
watch [look at]	*one do*	…が〜するところを見る〔注目して見る〕
hear		…が〜するのが聞こえる〔自然に耳に入る〕
listen to		…が〜するのを聞く〔注意して聞く〕

see her **enter** the room「彼女が部屋に入るのが見える」

watch [**look at**] her **enter** the room「彼女が部屋に入るところを見る」

hear her **talk** to someone「彼女が誰かに話しかけるのが聞こえる」
listen to her **talk** to someone「彼女が誰かに話しかけるのを聞く」

※ see, hear は受身形でも使いますが、この場合は **to** が必要になります。
She **was seen to** enter the room.（彼女は部屋に入るのを見られた）

※目的語（O）の後には、-ing 形（現在分詞）や、-ed 形（過去分詞）も使えます（→ p. 306）。

■ that 節内の原形

● V that S ＋原形

「提案・命令・要求」などを表す動詞に続く that 節では「原形」を使います。

※これは「should ＋原形」の **should** が省略された形です。したがって、「（〜すべきであると）命令 [主張・提案] する」という文では「原形」を使う、と覚えておくとよいでしょう。くだけた表現では現在形を使うこともありますが、TOEIC では「原形」を使うと覚えておきましょう。

advise		勧める・忠告する
command		命令する
demand		要求する
decide		決定する
determine		決定する
insist	that S ＋原形	主張 [要求] する
order		命令する
propose		提案する
recommend		勧める
request		要求する
suggest		提案する
urge		説得 [主張] する

文法のまとめ

文法のまとめ

- **It is ＋形容詞＋ that S ＋原形**

「必要・重要・望ましい」などの意味の形容詞に続く that 節では「原形」を使います。

※この文型も should が省略されたものです。話し手の「**願望・要求**」を述べる文です。

It is advisable	that S ＋原形	望ましい
It is desirable		望ましい
It is essential		（絶対）必要な
It is imperative		絶対に必要な
It is important		重要な
It is urgent		緊急に必要な
It is necessary		必要な

3. 準動詞

(3) 分　詞

■分詞の意味と用法

> **分詞の意味**
> 現在分詞（-ing 形）　⟶　〜する，〜している〔能動・進行〕
> 過去分詞（-ed 形）　⟶　〜された，〜した　〔受身・完了〕

※ TOEIC では，現在分詞と過去分詞の使い分けがポイントです。文脈から，現在分詞，過去分詞のいずれを使うべきかの判断が求められます。

> **分詞の用法**
> ①名詞を修飾する（名詞の前に置く用法と，後ろに置く用法がある）
> ②補語になる　　　（「S＋V＋分詞」，「S＋V＋O＋分詞」）

※ TOEIC では，名詞を後ろから修飾する（後置修飾）用法と，「S＋V＋O＋分詞」の用法がよく出題されます。-ing 形を使うか，-ed 形を使うかを文脈から判断することが求められます。

※分詞が形容詞化したもの（分詞形容詞）については p. 324 参照。

■名詞を修飾する用法

1 語の場合は「名詞の前」，分詞の後に語句が続くときは「名詞の後」に置きます。

● 現在分詞

a **working** man「仕事をしている男」

a man **working** in the garage「ガレージで仕事をしている男」

● 過去分詞

invited guests「招待（された）客」

guests **invited** to the wedding reception

「結婚披露宴に招待された客」

文法のまとめ

■ V＋O＋分詞

この文型をとるのは，主に，「使役動詞」と「知覚動詞」です。

使役動詞＋O＋	現在分詞	Oに～させる，Oを～させておく
	過去分詞	Oを～させる，Oを～してもらう

※使役動詞で「現在分詞」をとるのは **have** と **get** のみです。

have [**get**] my computer **running**
「コンピューターを立ち上げる [立ち上げたままにする]」

have [**get**] my picture **taken**「私の写真を撮ってもらう」

※ have [get] は「使役」のほかに「被害」の意味も表します。

　have [**get**] my bag **stolen**「私のカバンを盗まれる」

make myself **understood**「自分を分からせる，分かってもらう」

知覚動詞＋O＋	現在分詞	Oが～しているのを見る [聞く]
	過去分詞	Oが～されるのを見る [聞く]

see her **talking** to someone「彼女が誰かと話しているのを見かける」

※受身は was seen -ing（原形の場合と比較→ p. 303）

　She **was seen talking** to someone.
　「彼女は誰かと話しているところを見られた」

hear her **talking** to someone「彼女が誰かと話しているのが聞こえる」

see a car **pulled over**「車が（道路脇に）止められるのを見る」

hear my name **called**「私の名前が呼ばれるのを聞く」

※「知覚動詞＋O＋ **being** 過去分詞」〔進行形の受身〕とすることも多い。

そのほかに，leave / keep「～を…にしておく」や like / want「～を…させたい」も「V＋O＋分詞」の形で使えます。

I'm sorry to **keep** you **waiting**.「お待たせしていてすみません」

I'd **like** my car **washed** and **waxed**.
　「私の車を洗車して，ワックスをかけてください」

4. 冠　詞

　日本語には冠詞というものがないので，知識としては知っていても，正確に使いこなすということになると非常に難しいものです。

　英文を読んだり，聞いたりすりときには，つい意識からもれてしまいがちですが，基本的には，冠詞によって意味が異なるということを忘れないようにしましょう。

■冠詞の種類

a, an	**不特定の単数名詞**（可算名詞の単数形）につく。名詞が母音で始まるときは an を使う。

　※「不特定」とは，いくつもあるものの中の1つで，聞き手には，「どれ」と分からない，ということです。

the	**特定された名詞**（単数・複数・不可算）につく。

　※「特定」とは，聞き手にも「どれ」と分かるということです。日本語で言えば「その」に相当します。

the に準ずる語	これらの語がついているときは the をつけない。
（単数・不可算）	this/that, *one's* [my/your/his/*etc.*]
（複　数）	these/those, *one's* [my/your/his/*etc.*]

※「不特定」の「単数名詞」でも，one/another/each/every/no などがついているときは，a/an をつけません。

※「可算名詞」「不可算名詞」については「名詞」の項参照。

●裸の名詞に注意!!

　名詞が「裸」でもいいのは，「複数形の名詞」あるいは「不可算名詞」が，特定されずに，**一般的な意味で使われている**ときだけです。前置詞句（of ... や in ... など）や関係詞などで限定されていれば，the あるいは the に準ずる語が必要です。

文法のまとめ

307

5. 名詞

(1) 可算名詞（数えられる名詞）

「普通名詞」と「集合名詞」が可算名詞です。ここでは，TOEIC によく出題されるものを重点的にまとめます。

■一般の集合名詞

一般の集合名詞（主に「**人**」**の集合**を表すもの）は，ふつう「**単数扱い**」にします。ただし，個々を意識して「全員が…」と言うときは（単数形のままで）「複数扱い」にします。

audience	聴衆・観客	family	家族
staff	職員	crew	乗組員，…班
population	人口・住民		

※単数扱いのときでも，これを代名詞で受けるときは，**複数の代名詞**を使うのがふつうです。もし単数の代名詞を使うとすれば he or she などとしなければならず，この煩雑さを避けるためと考えられます。

構成員の個々について言うときは ... member または member(s) of ... のように言います。

a staff member「(1 人の) 職員」

three **members of** the staff「3 人の職員」

集合名詞を複数形にすると，**集合体が複数ある**ことを表します。

There were three television **crews** there.
　「そこには 3 組のテレビ取材班がいた」

5. 名詞

■単数形で常に「複数扱い」の集合名詞

次の語は、単数形のままで、常に「複数」に扱います。

(the) police	警察, 警官 (隊)〔個別〕a police officer
people	人々 〔個別〕a person *
cattle	牛 〔個別〕a cow「雌牛」, a bull「雄牛」など

*複数のときは、two/three... persons のようには言わず、two/three... people と言うのがふつうです。

※常に「単数扱い」の集合名詞は、「物の集合体」を表す語 (→ p. 312) を参照。

■常に複数形で使う名詞 (複数扱い)

● 衣類, 対になっている器具など

shoes	靴	pumps	パンプス
sneakers	スニーカー	boots	ブーツ
socks	靴下	gloves	手袋
jeans	ジーンズ	pajamas	パジャマ
pants/slacks	ズボン	trousers	ズボン
glasses	めがね	scissors	はさみ

"Whose glass**es are** these?" — "Mine."
「これは誰のめがね?」―「私のです」

これらの語を数えるときは、**a pair** of ..., two **pairs** of ... のようにします。当然、(a) **pair** of をつけた場合は「単数扱い」になります。

This **pair** of glass**es is** not mine.「このめがねは私のではありません」

※「靴」類や「手袋」などの「片方」を言う場合は「単数形」でも使います。

shoes　　　　　　　　a shoe

文法のまとめ

●複数形から意味が派生したもの

arms	武器	goods	商品
clothes	衣服*	manners	作法
stairs	階段	woods	森・林
waters	水域・海域		

* clothing は p. 312 参照。

●複数であることがふつうのもの

authorities	当局（この意味で使われるとき）

※このほか，**accommodations**「宿泊設備」，**belongings**「所持品」，**cosmetics**「化粧品」，**qualifications**「資格」，**requirements**「必要品」，**specifications**「仕様（書），スペック（略specs）」，**standards**「基準」なども，複数形で使うことが多い（本来的に「複数」であることが多いということ）です。

※-s がついても常に「単数扱い」の語については p. 313 参照。

■単複同形語（「単数」にも「複数」にもなるが，形は常に同じ）

means	方法，手段	⎫
headquarters	本社・本部	⎬ （常に-s がつく）
series	シリーズ	⎭
aircraft	航空機	

a means of transportation「交通手段，輸送手段」

The following **means** of payment **are** accepted: ....
「以下のような支払い方法に応じます：…」

The two **aircraft were** identical.「2つの飛行機は同型だった」

※ sheep「羊」， deer「鹿」， vermin「害虫」も「単複同形」語。

5. 名詞

■「位(くらい)」を表す語

具体的な「数詞」か,several, some などの「数」を表す語がくるときは,常に**単数形**で使います(-s をつけない)。

two dozen eggs	2ダースの卵
five hundred years	500年
several thousand dollars	数千ドル
thirty percent of the ...	…の30%

※漠然と,dozen**s**/hundred**s**/thousand**s** of ...「何十[何百/何千]もの…」というときは -s がつきます。
なお,「何万もの…」は tens of thousands of ...,「何十万もの…」は hundreds of thousands of ...,「何百万もの…」は millions of ... と言います。

※「... percent of +名詞」の「単数・複数」については p. 292 参照。

■相互複数

「同種」のものをやりとりするという意味の動詞の後には「複数名詞」を使います。

exchange change } +複数名詞	~を交換する ~を取り替える

exchange cards/greetings/messages/opinions/words
「名刺[あいさつ/メッセージ/意見/言葉]を交わす」

change trains/seats「列車を乗り換える[席を代わる]」

※ exchange information「情報を交換する」もよく使いますが,information は「不可算名詞」なので単数形です。

そのほか,次のような,常に複数名詞を使う熟語があります。

shake hands「握手する」

take turns *do*ing「~を交替でする[交替で~する]」

文法のまとめ

(2) 不可算名詞 (数えられない名詞)

「物質・材料」を表す語 (**物質名詞**) と「抽象的概念」を表す語 (**抽象名詞**) が「不可算名詞」です。

「不可算名詞」は，**単数形** (-s をつけない) で使い，動詞は**単数動詞** (→ p. 293) を使います。

不特定でも a や an をつけませんが，後に of ... や関係詞 (that など) がついて**特定される**と，**the や the に順ずる語**がつきます。

※多くの「不可算名詞」には，「可算名詞」としての用法があります。
 ・物質名詞の「製品」や「種類」
  coffee「コーヒー」── two coffees「コーヒー2杯」
  rain「雨」── a heavy rain「強い雨」
 ・抽象名詞の「具体的事例」
  experience「経験」── a wonderful experience「すばらしい体験」
 上例のように，よく形容詞とともに用いられます。ただし，これらの語の用法が出題されることは，あまり多くはありません。主なものは p. 364 にまとめてあります。
 一方，いくつかの名詞は，常に「不可算」扱いされます。TOEIC では，これらの「不可算名詞」が，よく出題されます。以下に，TOEIC に頻出のものをまとめておきます。

■物の集合体

baggage	手荷物	clothing	衣料品
equipment	設備，備品	furniture	家具
machinery	機械(類)*	merchandise	商品**
software	ソフトウエア	hardware	ハードウエア
fruit	果物 (「種類」を表すときは「可算名詞」)		

* 「(1台の) 機械」は a machine。
** goods →「複数扱いする語」(→ p. 310)

5. 名詞

■事

traffic	交通	scenery	景色*
weather	天気	work	仕事
time	時, 期間, (時間的)余裕		
room **	空間, (空間的)余裕, (〜をする)余地		

* 「(1つの)光景」は a scene。
** room は「部屋」の意味では「可算名詞」。

■知識・情報

advice	助言	information	情報
knowledge	知識		

※ knowledge は a working knowledge of「〜の実際的な知識」のような形で a をつけることがあります。

次の語は -s がついていますが, これらも「不可算名詞」です。

news	ニュース

〔学問名〕

mathematics	数学	economics	経済学
physics	物理学	statistics	統計学

Mathematics **is** fun.「数学はおもしろい」

これらの語を数えるときは, a piece of ... や an article / item of ... などを使います。

several new **pieces of equipment**「いくつかの新しい備品」
Let me give you **a piece of advice**.「アドバイスをさせてください」
an item of news「1つのニュース」
Here are some **items of news** that have just arrived.
「たった今到着した, いくつかのニュースをお届けします」

(3)「可算」「不可算」で意味が異なるもの

■動 物
「動物」が生きているときは「可算名詞」，食材・革になると「不可算名詞」。

{ a fish	魚〔単複同形〕	{ an ostrich	ダチョウ
{ fish	魚〔食材〕	{ ostrich	ダチョウ革
{ a chicken	ニワトリ	{ an alligator	ワニ
{ chicken	鶏肉	{ alligator	ワニ革

※「野菜・果物」も調理されたものは「不可算名詞」。

■材料と製品 / 断片と個体
物質が，具体的な形を持つと「可算名詞」。

{ hair	髪	{ glass	ガラス
{ a hair	(一本の)毛	{ a glass	グラス，コップ
{ ice	氷	{ light	光
{ a ice	氷菓子	{ a light	明かり，照明
{ stone	石	{ rock	岩
{ a stone	小石	{ a rock	小石，岩石

6. 数量を表す語（代名詞・形容詞）

(1) one

単独で使う場合と，形容詞などの修飾語句をつける場合があります。

■単独の場合

| one | 1つ |

前に言及されたものと「**同類のもの1つ**」という意味で「a＋単数名詞」に相当します。

I'm going to get a coffee. Would you like **one**?
「コーヒーをとるけど，あなたも（1杯）どうですか」

複数の「同類のもの」という意味では some を使います。

If you like grapes, I'll get you **some**.
「ブドウがよろしければ，少しお取りしましょう」

「不可算名詞」にも some を使います。

I made some tea. Would you like **some**?
「紅茶をいれたんですが，いかがですか」

言及された「そのもの」は it を使います。

Did you bring your camera? ― No, I left **it** at home.
「あなたのカメラを持ってきた？」―「いいや，家に置いてきたよ」

■修飾語句がつく場合

| one(s) | （～な）もの |

前に言及されたものと「**同類の～なもの**」という意味。単数・複数両方で使えます。

Could you show me another **one**?
「もう1つ見せていただけません？」

OK. Please give me three blue **ones**.
「結構ですね。青いのを3つください」

> 文法のまとめ

後ろに修飾する語句がついて限定されると the がつきます。

We need new PCs. **The ones** we have now are too slow.
「新しいパソコンが必要だね。今あるのは遅すぎるよ」

「特定」のものの中の「1つ」と言うときは，「of THE 名詞」を後に続けます（→「数量表現」p. 290）。

one of　THE 複数名詞　　「～のすべて」〔単数扱い〕

This movie is **one of** my favorite**s**.
「この映画はお気に入りの1つなんだ」

(2) all / half / both

all +	複数名詞	(不特定のもの)すべての～	〔複数扱い〕
	THE 複数名詞	(特定のもの)すべての～	〔複数扱い〕
	不可算名詞	(一般的に)全部の～	〔単数扱い〕
	THE 不可算名詞	(特定のもの)全部の～	〔単数扱い〕

half +	THE 複数名詞	(特定のもの)半分の～	〔複数扱い〕
	THE 不可算名詞	(特定のもの)半分の～	〔単数扱い〕

both +（THE）複数名詞　両方の～（THE は省略可）〔複数扱い〕

「特定」のものについて言うときは「of THE 名詞」を続けることもできます。

all of	THE 複数名詞/不可算名詞	「～のすべて」
half of	THE 複数名詞/不可算名詞	「～の半分」
both of	THE 複数名詞	「～の両方」

※名詞を後に続ける形容詞用法とは, of があるか, ないかだけの違いになるので, 結局 of は入れても入れなくてもよいということになります。
all / half / both (of) THE 名詞

(3) **some / any**

両方とも「いくつかの〜，いくらかの〜」の意味ですが，some は「肯定文」に，any は「疑問文・否定文」に使うのが基本です。可算名詞にも不可算名詞にも使えます。

some any } + 複数名詞	いくつかの〜 〔複数扱い〕
some any } + 不可算名詞	いくらか〔一部〕の〜 〔単数扱い〕

※「勧誘」や「依頼」を表すときは疑問文でも some を使います。any を肯定文で使うと「どんな〜も」の意味になります。
Would you like **some** tea?「紅茶はいかがですか」
I like **any** kind of music.「私はどんな音楽でも好きです」

「特定」のものの中の「いくつか，いくらか，」と言うときは，「of THE 名詞」を続けます。

some / any of {	THE 複数名詞	「〜のいくつか」
	THE 不可算名詞	「〜のいくらか〔一部〕」

any は，**not より後**にくるのが原則です。

I don't know any of her friends.
「私は彼女の友だちを誰も知りません」

※主語にanyを使った否定文は，any ... not do の語順になるのでさけます。この場合は，no や none などを使います（→ none, p. 319）。

(4) **several**

several「いくつかの」は，複数名詞にのみ使います。

several + 複数名詞	いくつかの〜〔数〕 〔複数扱い〕

「特定」のものの中の「いくつか」は「of THE 複数名詞」を続けます。

文法のまとめ

(5) **many / much**

many ＋複数名詞	多くの〜〔数〕	〔複数扱い〕
much ＋不可算名詞	多くの〜〔量〕	〔単数扱い〕

　反対の意味は　a few「少しの〔数〕」と a little「少しの〔量〕」。a をつけないと「(少ししか・ほとんど) ない」という否定の意味になります。
　more「より多くの」, most「ほとんどの」は, many と much の比較級・最上級なので, 複数名詞, 不可算名詞の両方に使えます。

　「特定」のものの中の「多く」「より多く」「ほとんど」と言うときは,「of THE 名詞」を続けます。

many of	THE 複数名詞	「〜の多く〔数〕」
much of	THE 不可算名詞	「〜の多く〔量〕」
more of	THE 複数名詞	「〜のより多く〔数〕」
	THE 不可算名詞	「〜のより多く〔量〕」
most of	THE 複数名詞	「〜のほとんど〔数〕」
	THE 不可算名詞	「〜のほとんど〔量〕」

(6) **other**

〔代名詞用法〕

others	(不特定の)ほかのもの	〔複数扱い〕
the other	(2つのうちの)もう一方	〔単数扱い〕
the others	(3つ以上の)ほかの全部	〔複数扱い〕

〔形容詞用法〕

other ＋複数名詞	(不特定の)ほかの〜	〔複数扱い〕
the other ＋単数名詞	(2つのうちの)もう一方の〜	〔単数扱い〕
the other ＋複数名詞	(3つ以上の)残りの〜 (みな)	〔複数扱い〕

6. 数量を表す語

※「other ＋単数名詞」で，不特定の「もう1つ」を表すこともありますが，ふつうは **another** を使います。

※ **the other day / morning / night** / *etc.* は「先日［先日の朝・先日の夜・…］(＝ a recent day / morning / night / *etc.*)」の意味で副詞的に使います。

(7) another

another	もう1つ(の)

an other の意味です。したがって，a/an, the などの冠詞や，this, that などの冠詞に準ずる語をつけません。

※ **one another** と **each other** は，ともに「お互い」の意味の代名詞です。「お互いに」と覚えていて，副詞と間違えることが多いので注意しましょう。

talk with **each other**「互いに話し合う」〔前置詞が必要〕

get to know **one another**「互いに(それぞれ)知り合う」〔know の目的語〕

(8) none / nobody [no one] / nothing

none	(人が)誰も〜ない，(物が)何も〜ない

単数扱いが原則ですが，複数扱いにすることもあります。ふつう，後に「of THE 名詞」を続けて使います。

none of	THE 複数名詞	〔単数・複数扱い〕
	THE 不可算名詞	〔単数扱い〕

※2つのもので「どちらも〜ない」というときは **neither of** を使います(→ p.321)。

nobody [no one], nothing は，常に単数扱いにします。後に「of THE 名詞」を続ける用法はありません。

nobody [no one]	(人が)誰も〜ない	〔単数扱い〕
nothing	(物が)何も〜ない	〔単数扱い〕

文法のまとめ

(9) **enough**

enoughは，可算名詞にも不可算名詞にも使えます。

enough +	複数名詞	十分な〜〔数〕	〔複数扱い〕
	不可算名詞	十分な〜〔量〕	〔単数扱い〕

後の名詞を省略すると，単独で「十分なもの〔数・量〕」という意味を表します。

Would you like some more coffee?—I've had **enough**, thank you.
「コーヒーをもっといかがですか」—「十分いただきました，ありがとう」

「特定」のものについて言うときは「of + THE 名詞」にします。

enough of	THE 複数名詞	「〜の十分な数」〔複数扱い〕
	THE 不可算名詞	「〜の十分な量」〔単数扱い〕

※副詞の enough については p. 327 参照。

(10) **each / every**

each + 単数名詞	(2つの)それぞれの〜	〔単数扱い〕

「特定」のものについて言うときは「of + THE 名詞(複数)」にします。

each of THE 単数名詞	「〜のそれぞれ」	〔単数扱い〕

every + 単数名詞	(3つ以上の)どの〜も	〔単数扱い〕

every は，all と同じ意味ですが個々のものに焦点があります。後に of を続ける用法はありません。

(11) either / neither

either ＋ 単数名詞	（2つの）どちらかの〜，どちらの〜でも〔単数扱い〕

Either answer is correct.「どちらかの答えが正しい」
Either day is fine with me.「どちらの日でも結構です」

否定文では「どちらの〜もない」で，両方を否定します。

I don't know **either** man.「どちらの人も知らない」

※ eitherは2つのうちの「どちらか（一方）」を表しますが，後にside「側」，end「端」など「対」になっているものがくると，「**両方**」の意味になります。

There are sidewalks on **either side** of the street.
（＝ on both sides of the street）
「通りの両側に歩道がある」

neither＋ 単数名詞	（2つの）どちらの〜も（…でない）〔単数扱い〕

Neither answer is correct.「どちらの答も正しくない」

「特定」のものについて言うときは「of ＋ THE 名詞」にします。

either of	THE 複数名詞	「〜のどちらか [でも]」
neither of		「〜のどちらも（…でない）」

どちらも単数扱いが原則ですが，会話などでは複数動詞を使うこともあります（→ p. 291）。

※ either A or B, neither A nor B については→ p. 333。

7. 形容詞

(1) 「限定用法」と「叙述用法」

一般の形容詞は、**名詞を修飾する**「限定用法」と、**補語になる**「叙述用法」のどちらにも使えますが、どちらか一方の用法しかないものや、「限定用法」と「叙述用法」で意味が異なるものがあります。

■限定用法のみの形容詞

elder	年上の	former	前の
latter	後者の	upper	上の(ほうの)

※比較級・最上級が形容詞化したもの

daily	毎日の	weekly	毎週の
monthly	毎月の	quarterly	四半期の

※ day / week などに -ly がついて「~ごとの」の意味の語(副詞用法は→p. 326)。

live [laiv]	(動・植物が)生きている、生きた

※(人が)生きている」の意味には living を使います。
※自動詞の -ing 形や -ed 形が形容詞化したもの(分詞形容詞)に、限定用法のみのものがあります(→p. 325)。

■叙述用法のみの形容詞

afraid	恐れて	alike	似て
alive	生きて	alone	1人で
asleep	眠って	awake	目がさめて

※ a- のつく形容詞です。

7. 形容詞

■「限定用法」と「叙述用法」で意味が異なる形容詞

	〔限定〕	〔叙述〕
certain	ある〜	確かで (ある)
late	故〜	遅れた
present	現在の〜	出席して (いる)

(2) 形容詞と主語

■「ことがら」を主語にする形容詞

次の形容詞は,主に「ことがら」を主語にするか, It ... to do の構文で使います。

dangerous	危険な	difficult	難しい
easy	やさしい	hard	難しい
impossible	不可能な	useful	有益な
convenient	便利な	important	重要な
natural	自然な	necessary	必要な

This river is **dangerous** to swim in.
= **It** is **dangerous** (for you) **to** swim in this river.
「この川で泳ぐのは (あなたには) 危険です」

上の文を, You を主語にして You are dangerous ... と書き換えることはできません。

■「人」を主語にする形容詞

「感情」を表す形容詞は,「人」を主語にします。

afraid	恐れて	angry	怒って
glad	喜んで	happy	幸せで
sorry	気の毒で		

このほか, -ed 形の「感情」を表す形容詞も,「人」を主語にします。

(3) -ing 形 / -ed 形の形容詞（分詞形容詞）

分詞形容詞は，動詞の-ing 形（現在分詞），-ed 形（過去分詞）が形容詞化したものです。

TOEIC では，-ing 形と-ed 形の使い分け（意味の違い）が出題されます。

-ing 形	「～する（ような），している」	〔能動，進行・変化〕
-ed 形	「～された，～した」	〔受身，完了・結果〕

※「分詞の意味」→ p. 305

■「感情・心理」を表す形容詞

amazing	驚くような	exciting	興奮させる
amazed	驚いた	excited	興奮した
boring	うんざりする	interesting	興味深い
bored	うんざりした	interested	興味を持った
convincing	説得力のある	pleasing	楽しい,愉快な
convinced	確信した	pleased	楽しんだ,喜んだ
disappointing	失望させる	satisfying	満足を与える
disappointed	失望した	satisfied	満足した
discouraging	落胆させる	surprising	驚くような
discouraged	落胆した	surprised	驚いた

このグループの-ed 形は，「人」を主語にします。

I am **surprised** at the news.「私はそのニュースに[を聞いて]驚いた」

-ing 形は，主に「ことがら」を主語にします。

It is **surprising** that no one noticed it.
　「誰もそれに気づかなかったのは驚きだ」

※前頁「形容詞と主語」参照。

7. 形容詞

■「～された（受身）」の意味の形容詞（-ed 形）

attached	添付の	enclosed	同封の
organized	組織された	proposed	提案された
used [juːzd]	中古の	complicated	複雑な

　このタイプの形容詞は非常に多いです。特に，be動詞の後に置いて使うものは，「be ＋-ed形＋前置詞」型の連語として覚えておきましょう。詳しくは『TOEICテストに でる順英熟語』を参照してください。
　be accustomed/used to「～に慣れている」
　be qualified for「～の資格がある」

■「完了・結果」を表す形容詞（-ed 形）

advanced	進歩した	developed	発展した
grown	成長[成熟]した	married	既婚の
retired	退職[引退]した	learned	学識のある
experienced	経験を積んだ		

■「進行・変化・状態」を表す形容詞（-ing 形）

increasing	増加しつつある	decreasing	減少しつつある
developing	発展途上の	growing	増加する
rising	増加する，新進の	existing	現存の
working	働く，動く		

　このグループは，名詞の前に置いて使います（限定用法）。

文法のまとめ

8. 副　詞

(1) 副詞の位置

■動詞を修飾する副詞の位置

次の2つが基本です。

①動詞の前

ただし，be動詞の場合は後。助動詞がある場合は助動詞の後。

②動詞の後

目的語・補語があるときはその後。

| 主語　be動詞 | ① | 補語 | ② |
| 主語　(助動詞) | ① | 動詞　(目的語・補語) | ② |

※強調されると文頭に置かれることもあります。

● **不定の頻度**を表す副詞は①が原則。

always	いつも	usually	いつもは
often	たびたび	sometimes	ときどき
seldom	めったに〜ない	frequently	しばしば
never	(今までに)〜したことがない		

I've **always** wanted to meet you!
「いつもお会いしたいと思っていたんですよ」

ただし，**一定の頻度**を表す語(句)は②になります。

every day	毎日	every week	毎週
daily	毎日	weekly	毎週
once	1回	twice [two times]	2回

8. 副詞

● 様態・程度を表す副詞は①, ②が可能。ただし「程度」を表す次のものは①がふつうです。

almost	ほとんど	nearly	ほとんど, もう少しで
really	本当に	quite	完全に
rather	どちらかといえば (※ would rather *do* の形で使う)		

The man was **nearly** hit by a car while running across the street.
「その男は通りを走って横切ろうとして危うく車にひかれそうになった」

● 時・場所を表す副詞は②が原則。ただし「時」を表す次のものは①がふつうですが (強調されると文尾にきます)。

already	既に	just	ちょうど
still	まだ		

I'm **still** working on my assignment.
「まだ宿題をやっているところです」

■形容詞・副詞を修飾する副詞

一般の副詞は, 修飾する形容詞・副詞の「前」が原則です。
TOEIC では, 次のような例外的なものが出題されます。

enough	十分に

enough は, 修飾する形容詞・副詞の「後」に置きます。

These oysters are **fresh enough** to eat raw.
「このカキは十分新鮮なので生で食べられます」

※形容詞の enough については→ p. 320。

much / far / by far / far and away	ずっと, はるかに

「比較」を強調する語(句)です。これらの語 (句) が,「最上級」を強調するときは,「the の前」に置きます。

by far the longest「群を抜いて最も長い」

「比較級」でも，the がつくときは the の前に置きます。

by far the more interesting of the two
「2つのうちではるかに面白い」

※ very も「最上級」を強調しますが，これは「the の後」（最上級の前）。
the **very** best film ＝ **much** the best film「抜群によい映画」

※ by far は「比較級」「最上級」の「後」に置くこともあります。
better **by far** than A「A よりはるかによい」

(2) 副詞の用法

同じような意味を持つ副詞の使い分けが，よく出題されます。

■ ago／before

… hours／days／years ago	（今から）…時間［日，年］前に
… hours／days／years before	（その時から）…時間［日，年］前に

ago は，前に「期間」を表す語句がきて「(**今から**)…前に」の意味。「過去」時制の文で使います。

before は，前に「期間」を表す語句がきて「(**過去のある時から**)…前に」。「過去完了」の文で使います。

before を単独で使うと，過去，現在完了の文では，「(漠然と) 今より前［以前］に」，過去完了の文では，「(漠然と) その時より前［以前］に」の意味になります。

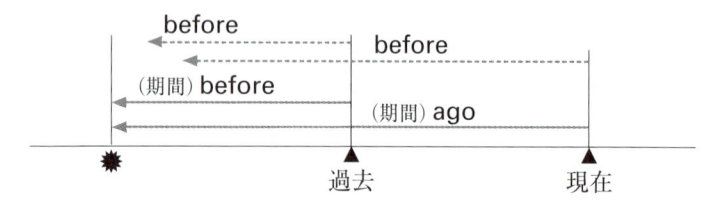

```
        before
   ←--------------
                    before
   ←------------
   (期間) before
                    (期間) ago
   ←--------------------------
   ✸              ▲              ▲
                 過去            現在
```

※ ago は単独では使えません。
※接続詞の before については→ p. 333。

8. 副詞

yet / already / still

already	既に~〔肯定の平叙文〕
yet	もう~〔疑問文で〕，まだ~（ない）〔否定文〕
still	まだ，依然として〔肯定文・疑問文〕

already を疑問文・否定文で使うと「もう~なの？，~ではないでしょうね！」と「驚き，意外」を表します。

yet を肯定文で使うと「まだ (= still)」の意味になります。

ever / never

ever	これまでに〔現在完了・過去の疑問文〕
never	これまで一度も (~ない)〔完了の平叙文〕

Have you **ever** seen a UFO? / Did you **ever** see it?
「UFO を見たことがある？」

I have **never** seen a UFO.「UFO を見たことは一度もないよ」

※「これまでに~した (ことがある)」〔肯定文〕は **before** を使います。

次のような表現では，ever を平叙文で使います。
① 「最上級」や first, last などを含む文で，「今までで (一番)」
   This is one of the **best** films I've **ever** seen.
   「これは私が今までに見た中で一番の映画だ」
② ... than ever「(いままでよりも) さらに…，ますます…」〔比較級〕
   as ... as ever「いつもと同じように…，あいかわらず…」
   She is **as** talkative **as ever**.「彼女はあいかわらずおしゃべりだ」
③ hardly ever「(これまで) ほとんど~ない (= almost never)」
   We **hardly ever** go out to eat.「私たちはほとんど外食をしない」

(3) 副詞と形容詞・前置詞

■ so と such（形容詞）

such は，名詞[句]を強調して「そんなに～な（もの）」の意味。

| such | a/an ＋形容詞＋名詞 |

so は副詞なので，形容詞を強調します（形容詞を冠詞の前に出す）。

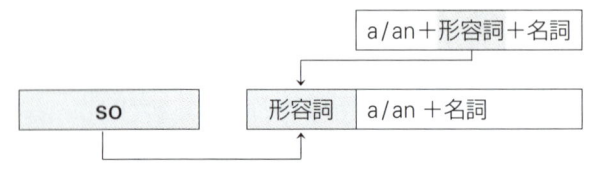

a/an＋形容詞＋名詞

| so | 形容詞 | a/an ＋名詞 |

a/an がないとき，つまり「形容詞＋**複数名詞**」のときは，such を使います。

such ＋ 形容詞＋複数名詞

「形容詞＋複数名詞」で，ひとまとまりの名詞[句]を形成しているので，副詞の so は使えません。

※ **as**，**too**，**how** が「a/an ＋形容詞＋名詞」につくときも，同じように，形容詞が前にでます。
as 形容詞＋ a/an ＋名詞 **as** ...
too 形容詞＋ a/an ＋名詞 **to** *do*
how 形容詞＋ a/an ＋名詞 **S ＋ V** !〔感嘆文〕

8. 副詞

■ almost と most

almost	〔副〕ほとんど
most	〔形〕大多数の(の), 〔副〕最も

almost は副詞なので, 名詞の前に置くことはできません。all ... を後に続ければ, 名詞の前に置くことができます。

almost all (of the) people「ほとんどすべての人々」

most は形容詞でもあるので, 名詞の前に置くことができます。

most (of the) people「ほとんどの人々」

■ besides と beside

besides	〔副〕その上, さらに, 〔前〕〜のほかに
beside	〔前〕〜のそばに

形が似ていて間違いやすいので注意しましょう。

■形容詞と同形の副詞

slow / slowly「ゆっくり」, quick / quickly「速く」などのように, 形容詞と同形の副詞と, -ly 形の副詞の両方を持つものがあります。多くは, 2つが同じ意味ですが, 次のものは意味が異なります。

close	近くに	hard	懸命に, 激しく
closely	綿密に	hardly	ほとんど〜ない
high	高く	late	遅くに
highly	非常に	lately	最近
most	最も	sharp	〜時きっかりに
mostly	たいてい	sharply	鋭く
short	短く		
shortly	まもなく, すぐに		

※ -ly 形の形容詞→ p. 278。

9. 接続詞

接続詞の意味（文意によって適切なものを選ぶ）がPart 5, Part 6でよく出題されます。

(1) 接続詞の意味

■名詞節

whether/if A (or not)　Aかどうか

動詞の目的語のときはwhetherもifも同じように使えますが，文頭ではwhetherのみを使います。

Whether A or not is uncertain.〔文頭・主語〕
「Aかどうかは明らかではない」

Do you know **whether** [**if**] A (or not)?〔目的語〕
「Aかどうか知っていますか」

※ **whether or not** A「Aかどうか」のようにも使いますが，これもwhetherのみでifは使いません。

※「譲歩」のwhetherは次ページ。

■時

before	〜する前	after	〜した後
since	〜して以来（ずっと）	until/till	〜するまで（ずっと）
when	〜するとき	while	〜している間に

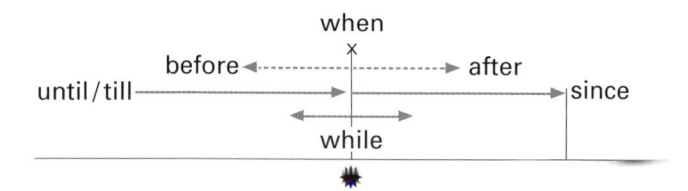

```
                    when
                     ×
        before ◄---------► after
until/till ──────────────────────► since
              ◄──────►
               while
                 ✺
─────────────────────────────────────
```

332

9. 接続詞

■理由・条件・譲歩

because / since / as	〜なので	〔理由〕
if	もし〜なら	〔条件・仮定〕
unless	もし〜でなければ，〜しない限り	〔条件〕
(even) though	〜だけれども，〜にもかかわらず	〔譲歩〕
even if	たとえ〜だとしても	〔仮定・譲歩〕
no matter ＋疑問詞	たとえ〜であっても	〔譲歩〕
whether A or B *	A であろうと B であろうと	〔譲歩〕

＊whether A or not や whether or not A「A であろうとなかろうと」の形でも使います。

■並　列

(both) A and B	A と B
not only A but (also) B	A だけでなく B もまた
A as well as B	B と同様に A
neither A nor B	A も B も〜ない

■選　択

A or B	A かあるいは B
either A or B	A か B のどちらか
not A but B	A ではなく B

文法のまとめ

文法のまとめ

(2) 接続詞と前置詞

前置詞の後には，名詞（句）がきます。直接，S＋Vの形が続くことはありません。意味や形が似ている「接続詞」と「前置詞」とを間違えないようにしましょう。

because	〔接〕なぜなら〜
because of	〔前〕…が原因［理由］で
(even) though	〔接〕〜(である)けれども
in spite of	〔前〕…にもかかわらず
while	〔接〕〜している間
during	〔前〕…の期間［時間］(ずっと)
unless	〔接〕〜でないかぎり
without	〔前〕…なしに
except *	〔接〕〜ということを除いて
except for	〔前〕…を除いて

＊except は前置詞にもなります。

〔監修者〕
Bruce Hird（ブルース　ハード）
　米国生まれ。ハワイ大学卒業。現在、上智大学比較文化学部教授。
　主な著書は、『TOEIC®テストに　でる順英単語』（監修）『TOEIC®テストに　でる順英熟語』（監修）『声に出して覚える　CDブック版　TOEIC®テストに　でる順英単語』（監修）（以上、中経出版）、『実例添削講座・英文ビジネスライティング』（洋販出版）、『最新英文ビジネスレター──正しいスタイルとアプローチ』（松柏社）、『英文ビジネスレター　キーワード1000活用例文集』（共著）『英文ビジネスレターがすぐに書ける本』（監修）（ともに成美堂出版）など。

〔編著者〕
河上　源一（かわかみ　げんいち）
　英語教材出版社の編集を経て、現在、出版企画・編集会社経営。
　主な著書は、『TOEIC®テストに　でる順英単語』『TOEIC®テストに　でる順英熟語』『声に出して覚える　CDブック版　TOEIC®テストに　でる順英単語』『文脈でどんどん覚える　TOEIC®テストの英単語』（以上、中経出版）、『英文ビジネスレターがすぐに書ける本』（共著）『楽しくまなぶ小学生の英語』（3巻シリーズ）（ともに成美堂出版）、『英文Eメール楽習文例集500』（共著）（ピアソン・エデュケーション）など。

〔英文校閲〕
Bryan Musicar

新TOEIC®テストに　でる順英文法 （検印省略）

2007年5月24日　第1刷発行

編著者	河上　源一（かわかみ　げんいち）
監修者	ブルース　ハード
発行者	杉本　惇

発行所　㈱中経出版	〒102-0083 東京都千代田区麹町3の2　相互麹町第一ビル 電話　03(3262)0371（営業代表） 　　　03(3262)2124（編集代表） FAX 03(3262)6855　振替 00110-7-86836 ホームページ　http://www.chukei.co.jp/

乱丁本・落丁本はお取替え致します。
DTP／フォレスト　印刷／恵友社　製本／越後堂製本

©2007 Genichi Kawakami, Printed in Japan.
ISBN978-4-8061-2724-6　C2082

新TOEIC®テスト攻略シリーズ

New Version対応　入門　TOEIC®テスト「超」勉強法
安達　洋著

New Version対応　TOEIC®テスト300点から800点になる学習法
鹿野晴夫著

New Version対応　CD付TOEIC®テスト900点を突破する集中トレーニング
鹿野晴夫著

New Version対応　TOEIC®テスト　1週間でやりとげる英文法
安河内哲也著

新TOEIC®テスト　1週間でやりとげるリスニング
中村澄子著

新TOEIC®テスト　リスニング満点への近道
栗原沢未著

新TOEIC®テスト900点を突破する英文法トレーニング
福居守世著

CD 2枚付　TOEIC®テストの英単語
河上源一編著　ブルース・ハード監修

本当に英語の力をつけたい人のためのTOEIC®テストの基本英文法
福崎伍郎／関　正生著

TOEIC®テスト900点を突破する英単語トレーニング
福居守世著

TOEIC®テスト900点を突破するリーディングトレーニング
福居守世著